Índice de contenido

Sígueme en mis redes Sociales

1.0 Introducción

Iniciando una Carrera Profesional

¡Bienvenidos a "Fundamentos de Redes IP"!

En el vasto universo de las Tecnologías de la Información, las redes IP sirven como el cimiento sobre el cual se construyen todas las certificaciones y competencias relacionadas con la conectividad. Ya sea que estés interesado en Cisco, CompTIA Network+, Juniper, u otras certificaciones en tecnologías de redes, todas comparten una premisa fundamental: comprender los fundamentos de las redes IP es esencial.

Este ebook está diseñado para proporcionarte una base sólida en los conceptos esenciales de las redes IP, lo que te permitirá avanzar en tu camino hacia el expertís en Tecnologías de la Información. Desde los conceptos más simples hasta los más avanzados, exploraremos de manera detallada y didáctica cómo funcionan las redes IP y cómo se aplican en el mundo real.

Lo emocionante de este viaje es que podrás aplicar lo que aprendas en una variedad de contextos y certificaciones. Ya sea que estés comenzando desde cero o buscando fortalecer tus conocimientos previos, aquí encontrarás el conocimiento que necesitas para crecer, paso a paso.

Algunos de los beneficios que obtendrás al sumergirte en "Fundamentos de Redes IP" incluyen:

- **Base sólida:** Obtendrás una comprensión profunda de los principios que sustentan todas las redes IP, lo que te servirá como base sólida para futuros estudios y certificaciones.
- **Preparación integral:** Este ebook te proporcionará las herramientas y el conocimiento necesario para enfrentar con confianza las certificaciones de redes más reconocidas.

- **Crecimiento gradual:** Comenzaremos desde lo más básico y avanzaremos de manera gradual hacia conceptos más avanzados, asegurándonos de que cada paso sea sólido antes de avanzar al siguiente.
- **Aplicación práctica:** Aprenderás cómo aplicar los conocimientos en situaciones del mundo real, lo que te preparará no solo para los exámenes, sino también para tu futuro profesional en Tecnologías de la Información.

Así que, sin importar si eres un principiante curioso o un profesional de TI con experiencia en busca de una revisión sólida, "Fundamentos de Redes IP" es tu guía para construir una base sólida en las redes IP, un conocimiento esencial en el mundo de las certificaciones de redes. ¡Comencemos este viaje de crecimiento de conocimiento, de menos a más!

Si quieres seguir mis redes sociales las puedes hacer en los siguientes enlaces:

TikTok   **Youtube**   **Instagram**   **Facebook**

2.0 Fundamentos básicos de una red

Red de Ordendores

Nos introduciremos a los conceptos más básicos de cómo los **computadores y ordenadores se pueden comunicar entre ellos**. Una red de ordenadores compuesta por equipos de distinta índole (Equipos Clientes, Servidores, Firewalls, impresoras, teléfonos móviles, etc.) se comunican mediante sistemas que son capaces de interconectar a todo tipo de equipos, que tengan la capacidad física y el software adecuado, usando arquitecturas y protocolos para este fin, y que veremos más en detalle más adelante.

RED DE ORDENADORES

Hoy en día el alcance es global, siendo capaces de **comunicar redes que están distribuidas por todo el mundo**. Por ejemplo, las grandes multinacionales requieren conectar todas sus sedes mediante sistemas que interconectan todos sus activos alrededor del mundo, mediante estos sistemas.

Un empleado que está en Nueva York puede trabajar con archivos que están en Madrid o en cualquier parte del mundo si así lo requiere.

En cada una de las sedes tenemos una red de área local que se interconecta con la red de la Sede Central, de esta manera tenemos distintos tipos de redes que según su alcance tienen un nombre adecuado y que veremos más en detalle en las próximas páginas.

Aplicación práctica:

Una aplicación práctica de una red de ordenadores se encuentra en el entorno empresarial, donde se requiere una comunicación eficiente y segura entre una variedad de dispositivos y sistemas informáticos. Imaginemos una empresa global que opera en múltiples ubicaciones en todo el mundo, y que necesita mantener una comunicación constante entre sus empleados y recursos.

- *Red Empresarial Global:* Sedes en Diferentes Ubicaciones: Esta empresa tiene sedes en Nueva York, Madrid y otras ciudades importantes en todo el mundo. Cada sede tiene una red de área local (LAN) que conecta los ordenadores y dispositivos locales, como computadoras, impresoras y teléfonos móviles.
- *Interconexión de Sedes:* Para permitir la comunicación entre todas las sedes, se utiliza una red de área amplia (WAN) que interconecta las redes locales de cada ubicación. Esta WAN se basa en tecnologías como líneas dedicadas, VPN (Red Privada Virtual) y conexiones de fibra óptica para garantizar una comunicación segura y eficiente.
- *Acceso Remoto:* Los empleados de la empresa, ya sea en Nueva York o Madrid, pueden acceder a los recursos compartidos en cualquier sede utilizando conexiones seguras a través de la WAN. Esto les permite trabajar en colaboración en proyectos, acceder a bases de datos

centralizadas o utilizar aplicaciones compartidas sin importar su ubicación física.

- *Seguridad:*Para proteger los datos sensibles de la empresa, se implementan firewalls y sistemas de seguridad avanzados en cada sede y en los puntos de acceso a la WAN. Estos sistemas aseguran que la información confidencial esté protegida contra amenazas cibernéticas.
- *Optimización de Red:* Se utilizan protocolos y tecnologías de optimización de red para garantizar que los datos se transmitan de manera eficiente entre las sedes, minimizando la latencia y maximizando el rendimiento de la red.

En esta aplicación práctica, una red de ordenadores permite a una empresa global mantener una comunicación fluida, compartir recursos y garantizar la seguridad de sus datos, sin importar la ubicación geográfica de sus empleados o sedes. Esto optimiza la productividad y la eficiencia, lo que es esencial en un mundo empresarial altamente conectado y competitivo.

Componentes Físicos De Una Red

Las redes de comunicaciones permiten la comunicación entre distintos tipos de equipos finales, utilizando una serie de infraestructuras.

- **Equipos finales:** Son los equipos que necesitan comunicarse, siendo estos ordenadores, servidores, ;impresoras, sensores IP, móviles, cámaras IP, Firewall, Tablet, sistemas robotizados, etc. Aunque pueden ser muy variados, todos los equipos finales deben cumplir dos condiciones:
  - Contar una Interfaz de conexión (NIC)
  - Y Protocolos de red adecuados para la comunicación

EQUIPOS FINALES

- **Equipos de red:** Los equipos de red permiten la comunicación entre los equipos finales, siendo transparentes para los equipos finales y para los usuarios. Tenemos distintos tipos de equipos de red, entre ellos equipos de conexión local como hub (Concentradores) y switches Conmutadores), siendo los switches equipos mucho más eficientes que los hub; y equipos de conexión remota como routers que permiten la interconexión de las diferentes redes de área local y su principal función es encaminar el tráfico de la forma más eficientemente posible entre ubicaciones remotas.

Por otra parte tenemos **redes WIFI** que permiten la comunicación en una red inalámbrica haciendo uso del espacio radioeléctrico, estas redes están compuestas normalmente por puntos de accesos o access point (AP) que son los responsables de conectar la red inalámbrica con la red cableada haciendo la conversión de señales electromagnéticas a impulsos eléctricos y viceversa, otro tipo de elementos que vemos en las redes inalámbricas son los controladores WIFI que permiten la gestión eficiente de un conjunto de AP, siendo imprescindible en grandes infraestructuras inalámbricas como grandes empresas que mantienen un alto número de AP para el servicio de una gran cantidad de equipos conectados de forma inalámbrica.

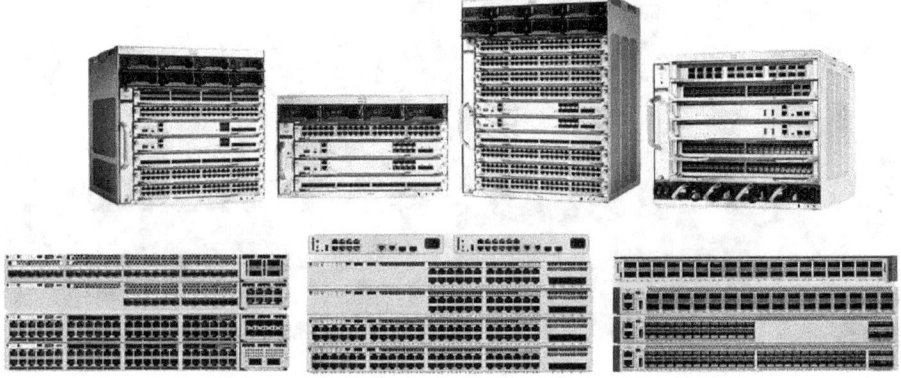

CISCO CATALYST 9000 FAMILY

- **Seguridad:** Otros elementos importantes dentro de los componentes físicos de una red son los Firewall o corta fuego, que permiten o bloquean los flujos de tráfico en función de reglas predefinidas, con el avance de la tecnología tenemos Firewall, estos equipos están más avanzado apareciendo los Firewall de última generación enfocados en las amenazas más sofisticadas de parte de los atacantes. También contamos con IDS/IPS, que son sistemas que detectan o previenen analizando la información enviada dentro del flujo de tráfico, haciendo sistemas de seguridad más robustas complementada con equipos y sistemas que ayudan a la seguridad de la información.

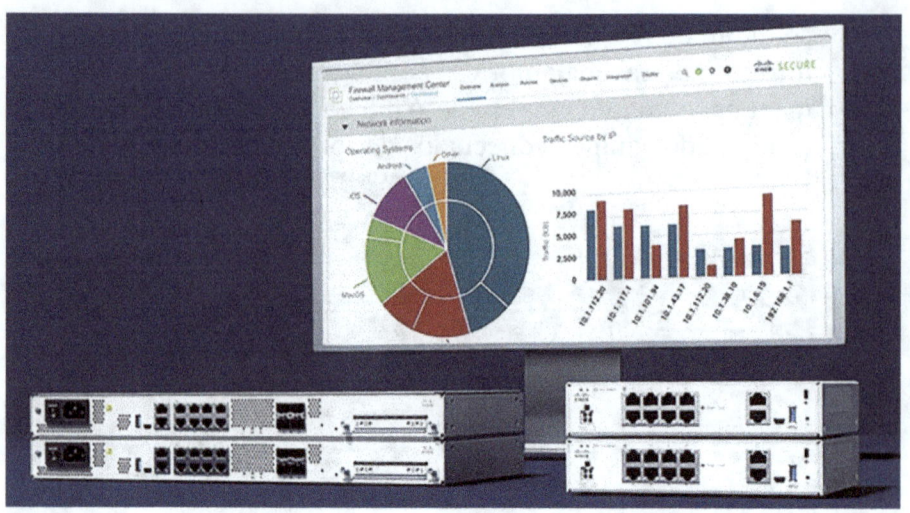

FIREWALL FIREPOWER CISCO

Aplicación práctica:

Una aplicación práctica de los componentes físicos de una red es la creación y administración de una red empresarial. Imaginemos una empresa que necesita conectar todos sus equipos finales, como computadoras, impresoras, cámaras IP, sistemas de seguridad, y dispositivos móviles, en una red eficiente y segura. Aquí es donde los componentes físicos de la red desempeñan un papel esencial.

- *Equipos finales:*Cada empleado en la empresa tiene una computadora con una tarjeta de interfaz de red (NIC) y protocolos de red para comunicarse. Además, las cámaras IP y sistemas de seguridad también están conectados a la red para la vigilancia y la seguridad del edificio.
- *Equipos de red:*Para facilitar la comunicación entre los equipos finales, la empresa utiliza switches y routers. Los switches se utilizan para conectar las computadoras y garantizar una transmisión de datos eficiente dentro de la red local. Los routers permiten la interconexión de diferentes redes locales en diferentes ubicaciones de la empresa, asegurando que los datos se enruten de manera efectiva.
- *Redes inalámbricas (WiFi):* La empresa también ofrece conectividad WiFi para permitir a los empleados y visitantes

acceder a la red de manera inalámbrica. Los puntos de acceso (AP) y los controladores WiFi garantizan una cobertura confiable en toda la oficina.

- *Seguridad:* Para proteger la red de amenazas externas, se implementa un firewall, como el Firewall Firepower de Cisco. Este firewall filtra el tráfico según reglas predefinidas y protege la red contra posibles ataques cibernéticos. Además, se utilizan sistemas de detección y prevención de intrusiones (IDS/IPS) para analizar y prevenir amenazas en tiempo real.

En esta aplicación práctica, los componentes físicos de la red trabajan juntos para brindar conectividad confiable y segura a todos los equipos finales en la empresa. Esto no solo permite una comunicación eficiente entre los empleados, sino que también garantiza la protección de los datos y la seguridad de la red contra posibles amenazas cibernéticas.

3.0 Topologías de Red

Topología Física de una Red

La topología física es el mapa real de la red, en esta se documenta todos los componentes físicos incluyendo cables, conectores, es decir contamos con una imagen de la infraestructura física de la red.

La topología física nos puede servir a la hora que necesitemos, por ejemplo, ampliar nuestra red informática, con este tipo de topología, tendremos todo el detalle del tipo de cableado y conectores que necesitamos, los tipos de switch con los que contamos, como la marca, el modelo, cantidad de puertos de switch, etc.

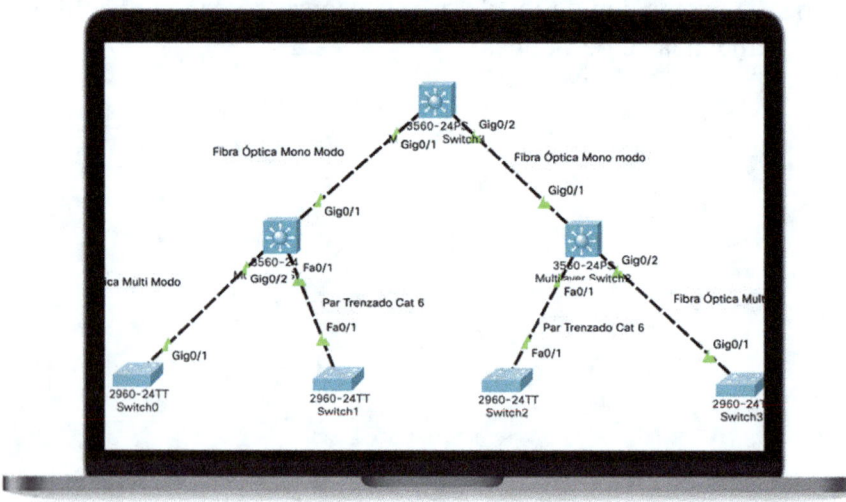

TOPOLOGÍA FÍSICA

Aplicación práctica:

Una aplicación práctica de la topología física de una red se encuentra en la planificación y expansión de una red empresarial. Imaginemos una empresa en crecimiento que necesita agregar nuevas ubicaciones o aumentar la capacidad de su red actual.

Planificación y Expansión de Red Empresarial:

- *Documentación de la Infraestructura Existente:* La topología física de la red existente proporciona un mapa detallado de todos los componentes físicos, como cables, conectores, switches y otros dispositivos de red. Esta documentación es esencial para comprender la infraestructura actual y planificar futuras expansiones de manera eficiente.
- *Ampliación de la Red:* Supongamos que la empresa abre una nueva oficina en otra ciudad. Utilizando la topología física existente como referencia, los ingenieros de redes pueden determinar qué tipo de cableado y conectores se necesitan para conectar la nueva ubicación a la red principal. También pueden identificar si es necesario adquirir nuevos switches y, si es así, conocer las especificaciones necesarias, como la marca, el modelo y la cantidad de puertos requeridos.
- *Identificación de Puntos Críticos:*La topología física ayuda a identificar puntos críticos en la infraestructura de red, como switches que están cerca de alcanzar su capacidad máxima. Esto permite una planificación proactiva para reemplazar o actualizar equipos antes de que se conviertan en un cuello de botella.
- *Optimización de Recursos:* Al tener una visión completa de la topología física, la empresa puede optimizar la utilización de recursos al reorganizar o redistribuir dispositivos de red según sea necesario. Esto puede ayudar a reducir costos y mejorar el rendimiento de la red.
- *Resolución de Problemas:* Cuando surgen problemas de conectividad o rendimiento de red, la topología física sirve como una valiosa herramienta de diagnóstico. Permite identificar rápidamente dónde se encuentra el problema y facilita la solución de manera más eficiente.

En esta aplicación práctica, la topología física de la red se convierte en una herramienta esencial para la planificación y gestión de la infraestructura de red de una empresa en crecimiento. Proporciona la base para tomar decisiones informadas sobre la expansión de la red y garantiza que la infraestructura de red existente se utilice de manera óptima.

Topología Lógica de una Red

La topología lógica está mirada mas desde un **punto de vista más abstracto y cercano al usuario final**, es un mapa más funcional, y en este tipo de topología no importa el camino exacto que sigue la información sino más bien del funcionamiento de la red y de como fluye la información.

Este tipo de topologías nos sirven a la hora de ver como fluye el tráfico por ejemplo desde el usuario final hasta la Internet, o como se accede a la base de datos de una determinada aplicación.

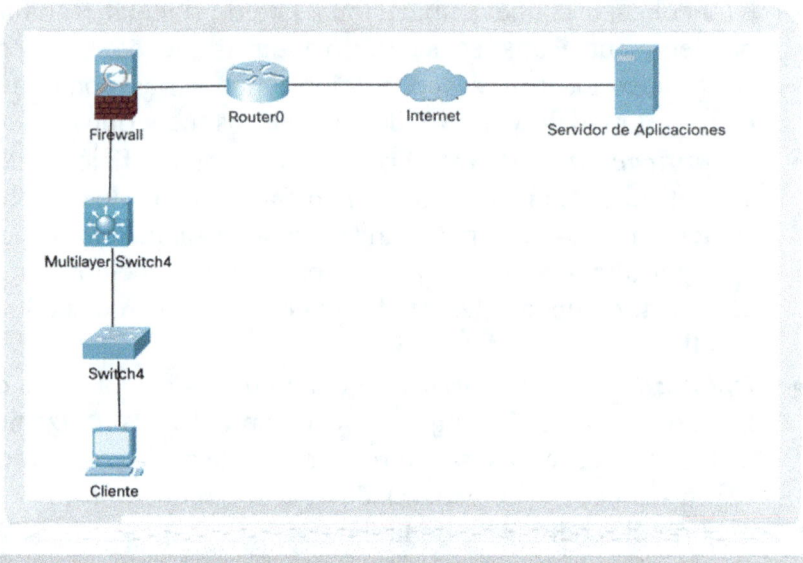

TOPOLOGÍA LÓGICA

Aplicación práctica:

Una aplicación práctica de la topología lógica de una red se encuentra en la gestión y optimización del flujo de tráfico de datos en una empresa que ofrece servicios en línea, como una plataforma de comercio electrónico. Aquí hay un escenario que ilustra cómo puede ser útil:

***Gestión y Optimización del Flujo de Tráfico en una Plataforma de
Comercio Electrónico:***

Supongamos que una empresa opera una plataforma de comercio
electrónico que permite a los usuarios realizar compras en línea. La
topología lógica de la red se vuelve fundamental para garantizar una
experiencia de usuario eficiente y satisfactoria:

- ***Gestión de la Carga:*** Durante las temporadas de alta
  demanda, como las fiestas navideñas, la plataforma puede
  experimentar un aumento significativo en el tráfico de
  usuarios. Utilizando la topología lógica, los administradores
  de red pueden identificar los puntos de acceso a la plataforma
  y distribuir la carga de manera equitativa para evitar la
  congestión y garantizar un rendimiento óptimo.
- ***Optimización de Rutas:*** La topología lógica también permite
  optimizar las rutas de acceso a la base de datos de la
  plataforma. Los datos de productos, inventario y pedidos
  deben fluir de manera eficiente desde la base de datos a la
  interfaz de usuario. Al comprender la topología lógica, los
  administradores pueden garantizar que las rutas de acceso
  sean lo más directas y rápidas posible.
- ***Gestión de Redes de Entrega de Contenido (CDN):*** Para
  acelerar la entrega de contenido, como imágenes de
  productos, videos y otros activos multimedia, la plataforma
  utiliza una CDN. La topología lógica permite a los
  administradores controlar cómo se enruta el tráfico a través
  de la CDN para garantizar una entrega rápida y confiable del
  contenido a los usuarios finales.
- ***Seguridad:*** La topología lógica también se utiliza para
  implementar medidas de seguridad, como firewalls y
  sistemas de detección de intrusiones (IDS/IPS). Los
  administradores pueden identificar los puntos de entrada
  potenciales para ataques y fortalecer la seguridad en esas
  áreas críticas.
- ***Monitorización de Rendimiento:*** Mediante la topología
  lógica, se pueden establecer puntos de monitorización en la
  red para supervisar el rendimiento en tiempo real y detectar

posibles problemas de manera proactiva. Esto incluye la identificación de cuellos de botella o congestión en la red.

En esta aplicación práctica, la topología lógica de la red es esencial para garantizar que una plataforma de comercio electrónico funcione sin problemas, proporcionando una experiencia de usuario óptima y segura. Permite a los administradores de red comprender cómo fluye la información y cómo se puede optimizar para satisfacer las necesidades de los usuarios finales.

Topologías Físicas Tradicionales en Redes LAN

En redes LAN (Local Área Network) o redes de área local en español, en sus inicios fue la **unión uno tras otros de esos computadores**, así un equipo se conectaba físicamente mediante un enlace directo a otro ordenador, llegando a formar así, conexión a conexión, **un anillo cerrado**, este tipo de topología tenían una relativa sencillez y capacidad de crecimiento, sin embargo carecía de eficiencia y de privacidad de la comunicaciones, ya que toda la información debía pasar por todos los computadores intermedios para realizar la comunicación entre dos computadoras.

Una topología más eficiente y que se basó en el desarrollo de las tecnologías, es la **topología física en estrella**, que se realizó gracias a la creación de equipos de red, específicamente diseñados para la interconexión de varias computadoras. En este caso, los equipos finales podían olvidarse de las tareas de retransmisión del resto de las computadoras, y centrarse únicamente en transmitir sus propias transmisiones.

Las topologías en estrella fueron la base del desarrollo de nuevos tipos de topologías que se han ido implementando con el paso de los años, debido a que por su sencillez y gran capacidad de crecimiento, estos equipos de red podían y pueden ser gestionados uno a uno dando mayor administración sobre las redes de datos, además con el desarrollo de nuevas tecnologías, estos equipos de red pueden ser gestionados de forma centralizada, dando mayor capacidad de administración de redes de gran volumen de equipos.

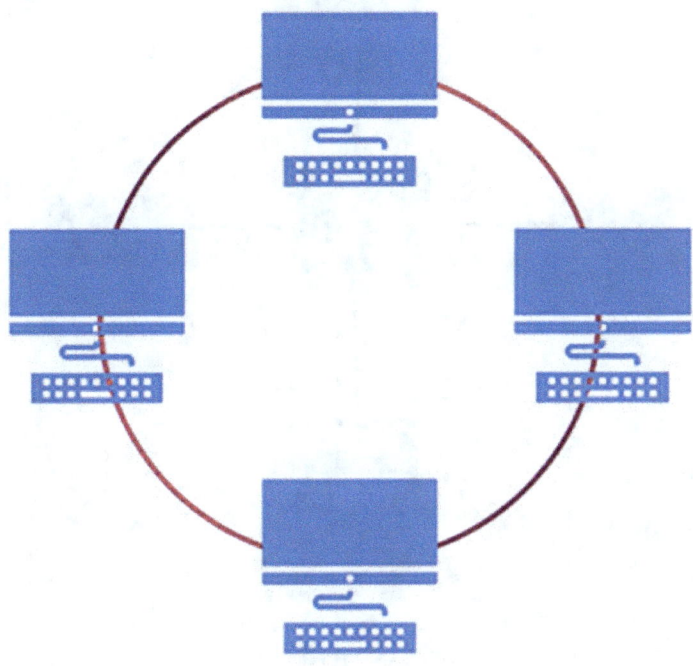

EN ANILLO

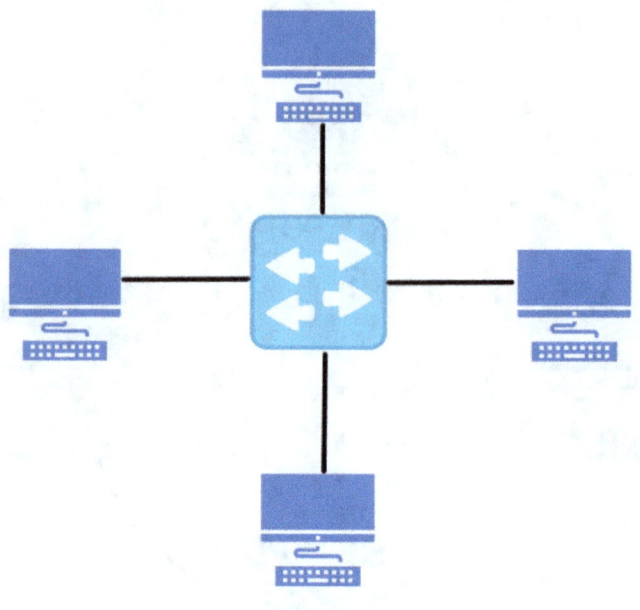

EN ESTRELLA

Otro tipo de topologías es la topología física en **3 capas**, que permite una separación física de las distintas funciones que necesita una red para funcionar de forma eficiente, distribuye los equipos de red en tres capas según su función.

- **La capa de acceso**, la inferior en el diagrama es la encargada de dar conectividad a los equipos finales. Es donde conectamos el cable de red de nuestro ordenador o computador a la red. Esta capa entrega la conexión con el resto de la red. Aquí nos encontrarnos con equipos de red con un gran número de puertos para conectar equipos finales y varios pensados para conectar con el resto de la red, los denominados UPLINK.
- En la capa intermedia, llamada de **distribución o agregación**, nos encontramos con todas las políticas y

configuraciones que deseamos para nuestra red. Estos equipos, además de servir para interconectar las otras dos capas, son los responsables de aplicar las políticas de seguridad, la gestión de WLAN, la política de calidad de servicio, etc.

- Por último, en la parte superior tenemos la **capa de core**. La función básica de esta capa es la transmisión rápida del tráfico, ya sea dentro de nuestra red local o bien conectando con la capa de core de otras ubicaciones.

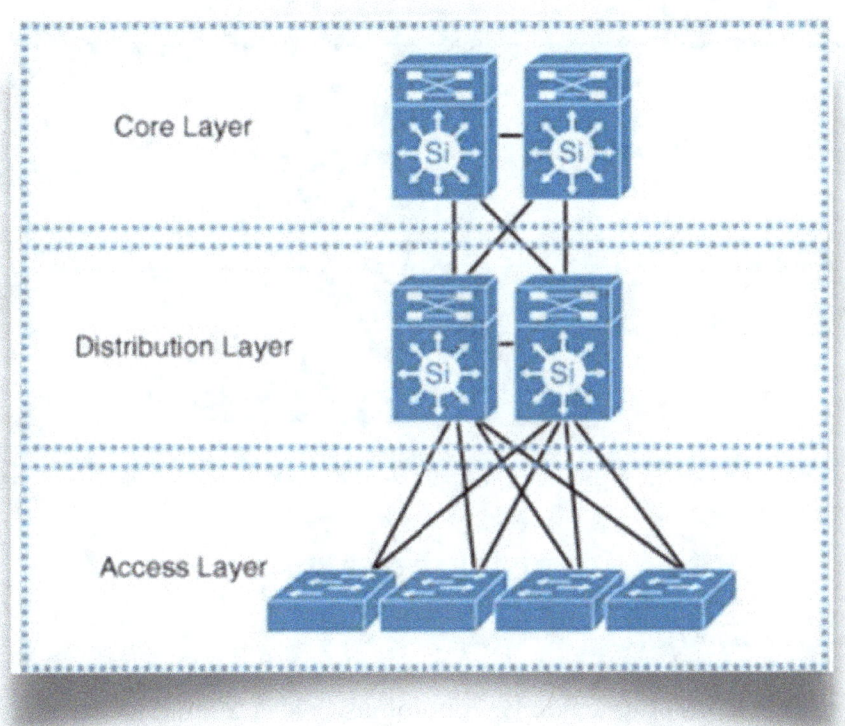

DISEÑO 3 CAPAS

Aunque el hecho de tener tres capas implica una fuerte inversión en dinero, que no siempre es rentable en redes de menor tamaño, se diseñó una topología colapsada o de dos capas.

En este diseño se unifican las capas de core y agregación, de tal forma que los equipos de red cumplen las funciones de ambas capas.

Gestiona tanto las políticas y configuraciones de red mientras se encarga de la transmisión de la información y la conectividad exterior.

La capa de acceso se mantiene igual y con la misma función básica de dar conectividad física a los equipos finales. sin embargo, la integración de varias funcionalidades en los mismos equipos físicos hace que se pierda parte de la eficiencia de la topología de tres capas, pero el ahorro en costes hace que sea un modelo muy utilizado en redes locales no muy grandes.

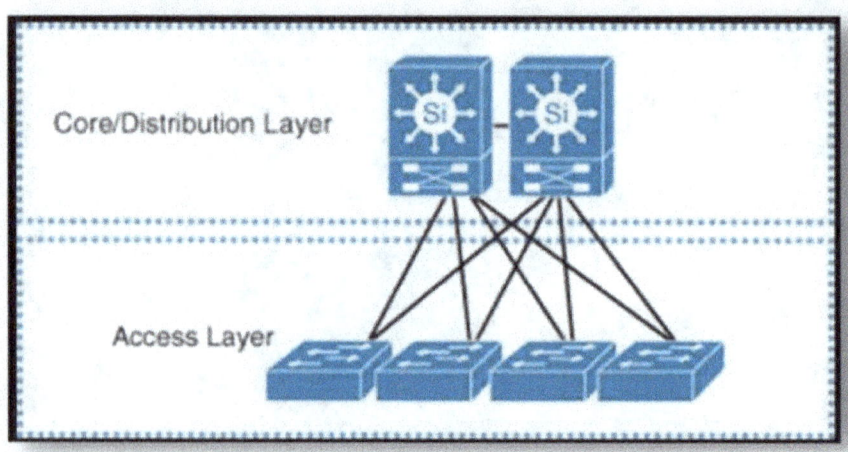

DISEÑO 2 CAPAS

Aplicación práctica:

Una aplicación práctica de las topologías físicas tradicionales en redes LAN, se encuentra en la planificación y configuración de redes empresariales de diferentes tamaños. A continuación, te presento una aplicación de estas topologías en un entorno empresarial diverso:

Diseño de Red Empresarial Versátil:

- ***Topología en Estrella (Star):***
    - ***Pequeña Oficina en Casa:*** Para un propietario de una pequeña empresa que trabaja desde casa, la topología

en estrella es ideal. Todos los dispositivos, como computadoras, impresoras y dispositivos de almacenamiento, se conectan a un router central. Esto permite una gestión sencilla y eficiente de la red y una configuración de seguridad centralizada.

- o *Oficina Pequeña o Sucursal:* En una oficina pequeña o sucursal, la topología en estrella proporciona una base sólida para conectar todos los dispositivos a través de un switch central. Esto facilita la administración de la red y la implementación de medidas de seguridad.

- *Topología en 3 Capas:*
  - o *Empresa Grande:* En una empresa grande con múltiples ubicaciones y necesidades de seguridad y calidad de servicio, la topología en 3 capas es fundamental. La capa de acceso conecta los equipos finales, la capa de distribución administra políticas y configuraciones, y la capa de core asegura la transmisión eficiente de datos.
  - o *Sede Central de una Multinacional:* En una sede central de una multinacional, donde se gestionan múltiples sucursales en todo el mundo, esta topología permite una administración eficiente y centralizada de la red, lo que facilita la implementación de políticas de seguridad y calidad de servicio en toda la organización.

- *Topología de 2 Capas (Colapsada):*
  - o *Pequeñas Empresas en Crecimiento:* Para pequeñas empresas en crecimiento con limitaciones presupuestarias, la topología de 2 capas puede ser una solución efectiva. Aquí, las funciones de agregación y núcleo se combinan en un solo equipo. Esto reduce costos sin sacrificar completamente la administración centralizada.

En resumen, las topologías físicas tradicionales en redes LAN se adaptan a diversas necesidades empresariales, desde pequeñas oficinas en casa hasta empresas multinacionales. La elección de la topología depende del tamaño, los recursos disponibles y los requisitos específicos de cada empresa.

Topologías Físicas en Centros de Datos

La arquitectura Spine-Leaf (espina-hoja), está pensada para centros de datos debido a su escalabilidad, fiabilidad y un mejor rendimiento, como se muestra en la siguiente figura:

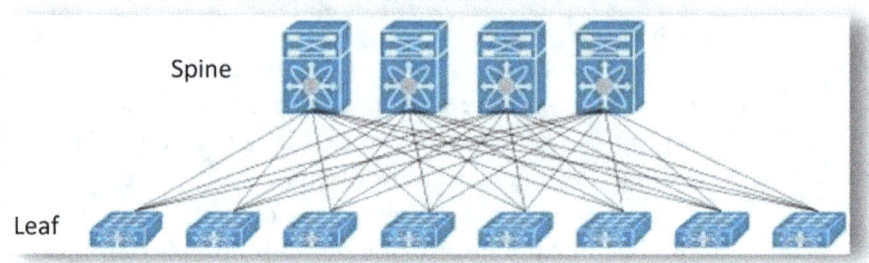

TOPOLOGÍA SPINE-LEAF

- La capa superior tiene switches Spine y la capa de abajo tiene switch Leaf
- Los switches **Spine son switch de interconexión** y los switch **Leaf son como los switch de acceso**
- Con la configuración Spine-Leaf, todos los dispositivos tienen la misma cantidad de segmentos y contienen una latencia constante y predecible para la información que viaja.
- La capa Leaf consta de switches de acceso que se conectan a dispositivos como servidores, firewalls, balanceadores de carga y enrutadores de borde
- La capa Spine (formada por switches que realizan enrutamiento) es la columna vertebral de la red, donde cada switch Leaf está interconectado con todos y cada uno de los switch Spine.
- En este modelo, sólo hay dos niveles (tiers) de switches entre los servidores y core network
- El diseño de leaf-spine tiene la ventaja de colocar cada leaf switch a poca distancia de otro. No hay necesidad de crecer

hacia arriba o hacia abajo el "árbol" de diseño. Se mejora la latencia y se minimizan los cuellos de botella.

- Con Spine- Leaf, la red utiliza enrutamiento de capa 3. Todas las rutas se configuran en un estado activo mediante el uso de rutas múltiples de igual costo (ECMP). Esto permite que todas las conexiones se utilicen al mismo tiempo mientras se mantiene estable y evita loops dentro de la red
- La eliminación del protocolo Spanning Tree (STP) ha llevado a una mejora drástica de la estabilidad de la red
- Las redes Spine- Leaf ofrecen muchos beneficios únicos sobre el modelo tradicional de 3 niveles

Aplicación práctica:

Una aplicación práctica de las topologías físicas en centros de datos, como la topología Spine-Leaf, se encuentra en la implementación y administración de redes de alto rendimiento en entornos de centros de datos. Aquí te presento una aplicación específica de esta topología:

Diseño de Red en un Centro de Datos de Alta Capacidad:

Imagina una empresa que opera un centro de datos que almacena y administra una gran cantidad de datos y servicios en línea. Para garantizar un rendimiento óptimo y una alta disponibilidad, utilizan la topología Spine-Leaf de la siguiente manera:

- *Escalabilidad y Rendimiento:*
  - *Alta Capacidad de Expansión:* La topología Spine-Leaf es ideal para centros de datos en constante crecimiento. Cuando la empresa necesita agregar más servidores, dispositivos de almacenamiento o aplicaciones, pueden hacerlo fácilmente conectándolos a los switches Leaf en la capa inferior.
  - *Rendimiento Uniforme:* Todos los dispositivos, como servidores, firewalls y balanceadores de carga, están conectados a switches Leaf. Esto garantiza que cada dispositivo tenga acceso a una cantidad uniforme de recursos de red, lo que optimiza el rendimiento y evita cuellos de botella.

- *Latencia Baja y Predecible:*
    - ○ *Latencia Constante:* La topología Spine-Leaf está diseñada para minimizar la latencia. Cada dispositivo se encuentra a una distancia constante de otros, lo que garantiza una latencia predecible y baja para las comunicaciones entre servidores y otros recursos.
    - ○ *Rutas Eficientes:* Con enrutamiento de capa 3 y rutas múltiples de igual costo (ECMP), todas las conexiones se utilizan de manera eficiente sin crear bucles en la red. Esto asegura una comunicación rápida y sin interrupciones.
- *Estabilidad y Eliminación de STP:*
    - ○ *Eliminación de Spanning Tree (STP):* Una ventaja clave de Spine-Leaf es la eliminación del protocolo Spanning Tree (STP), que solía ser necesario en las redes de tres niveles. La eliminación de STP mejora drásticamente la estabilidad de la red, ya que no hay bloqueo de enlaces redundantes.
    - ○ *Redundancia sin Problemas:* La topología Spine-Leaf proporciona redundancia sin los problemas de convergencia de STP. Si un enlace o switch falla, el tráfico se redirige automáticamente a través de rutas alternativas sin tiempo de inactividad perceptible.
- *Administración Eficiente:*
    - ○ *Facilidad de Administración:* La topología Spine-Leaf simplifica la administración de la red en el centro de datos. Los switches Leaf están conectados a los dispositivos finales, lo que facilita la configuración, supervisión y mantenimiento de los servidores y aplicaciones.
    - ○ *Flexibilidad en la Configuración:* Si es necesario, la empresa puede agregar más switches Spine para mantener la escalabilidad sin cambiar la topología básica.

En resumen, la topología Spine-Leaf es una elección ideal para centros de datos que requieren un alto rendimiento, baja latencia, estabilidad y escalabilidad. Facilita la administración de redes en entornos de alta demanda y es especialmente valiosa en empresas que operan aplicaciones y servicios críticos en línea.

Redes LAN SOHO

SOHO deriva de la expresión inglesa **"Small Office - Home Office"**, y está pensado para dar una conexión de red a pequeñas oficinas con pocos usuarios o para **empleados que trabajan de forma autónomas o en solitario desde sus casas**, o en día en su mayoría cuenta con redes WIFI en sus hogares que unido al uso de canales virtuales privados como el caso de VPN (Virtual Private Networks), podemos estar conectados de forma segura y por internet a las oficinas centrales de las empresas y compañías.

Las redes SOHO entregan como principales servicios, conectividad a Internet para sus usuarios, servicios de conectividad LAN para unos pocos usuarios, servicio de WIFI y conexión VPN a redes corporativas.

La solución SOHO trae consigo un ahorro, dado que se ofrecen solo los servicios básicos de una red a un precio notablemente más bajo, por lo tanto, contar con decenas o cientos de oficinas es posible con este tipo de soluciones.

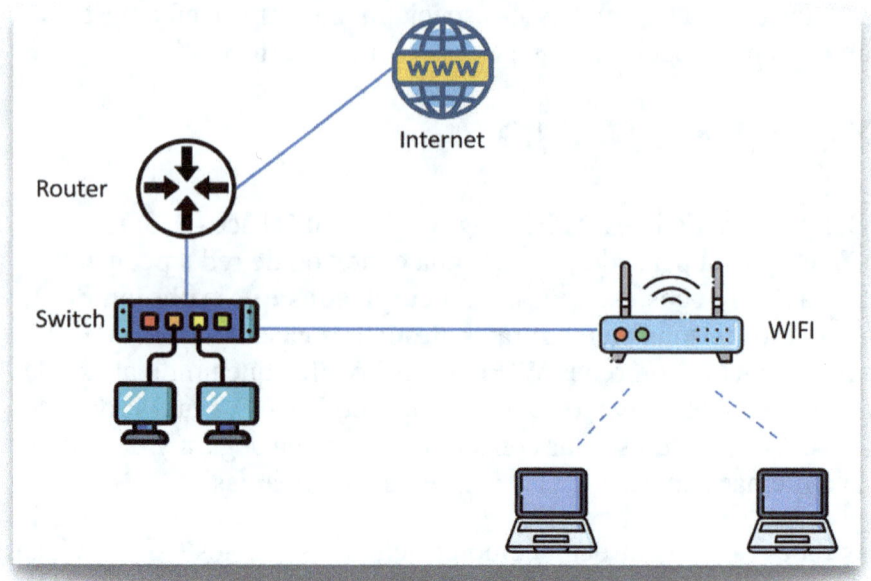

Red LAN SOHO

Aplicación práctica:

Una aplicación práctica de las redes LAN SOHO (Small Office - Home Office) se encuentra en la creación de entornos de trabajo flexibles y económicos para pequeñas oficinas y trabajadores autónomos. A continuación, te presento una aplicación específica de estas redes:

Entorno de Trabajo Flexible para Trabajadores Remotos:

Imagina una empresa que tiene un equipo de empleados que trabajan de forma remota desde sus hogares o pequeñas oficinas. La empresa utiliza una red LAN SOHO para proporcionarles conectividad confiable y segura a la red corporativa:

- *Conectividad a Internet y Red Corporativa:*
  - *Conexión a Internet:*Los trabajadores remotos utilizan la red LAN SOHO para acceder a Internet de alta velocidad desde sus hogares o pequeñas oficinas.

Esto les permite realizar tareas en línea, acceder a recursos web y comunicarse con colegas y clientes.

- o Acceso a la Red Corporativa: A través de una conexión VPN (Virtual Private Network), los empleados pueden establecer una conexión segura con la red corporativa de la empresa. Esto les permite acceder a servidores, bases de datos y aplicaciones internas como si estuvieran en la oficina principal, lo que facilita el trabajo remoto eficiente.

- **Servicio de WIFI para Flexibilidad:**
  - o **Red WIFI en el Hogar:**La empresa proporciona a sus empleados un enrutador WIFI que forma parte de la red LAN SOHO. Esto permite a los trabajadores conectarse de forma inalámbrica a la red desde cualquier lugar de sus hogares, lo que brinda flexibilidad para trabajar en diferentes áreas de la casa.
  - o Seguridad en la Red WIFI: La red WIFI se configura con medidas de seguridad, como contraseñas fuertes y cifrado, para proteger la información confidencial y evitar el acceso no autorizado.

- **Ahorro de Costos y Escalabilidad:**
  - o **Solución Económica:** La implementación de una red LAN SOHO es una opción económica para la empresa. No requiere una infraestructura de red costosa ni personal de TI dedicado.
  - o Escalabilidad*: A medida que la empresa crece y contrata a más empleados remotos, puede expandir fácilmente la red LAN SOHO al agregar nuevos dispositivos o enrutadores WIFI según sea necesario. Esto permite una escalabilidad eficiente y rentable.

- **Gestión Centralizada y Seguridad:**
  - o **Administración Remota:** La empresa puede administrar y monitorear la red LAN SOHO de forma centralizada, lo que facilita la implementación de políticas de seguridad, actualizaciones de firmware y solución de problemas.

- Seguridad de Datos: Se pueden aplicar medidas de seguridad, como firewalls y políticas de acceso, para garantizar que los datos empresariales estén protegidos, incluso cuando se accede desde ubicaciones remotas.

En esta aplicación práctica, las redes LAN SOHO brindan a los trabajadores remotos un entorno de trabajo flexible y eficiente al tiempo que permiten a la empresa mantener un alto nivel de seguridad y conectividad con su red corporativa. Esto se traduce en una mayor productividad y una colaboración efectiva, sin la necesidad de invertir en infraestructura costosa.

Redes WAN

Las redes de área amplia o WAN están pensadas para **unir distintos nodos que están a una gran distancia geográfica**, y son todas aquellas redes con un área de interconexión mayor a 50 kilómetros, un caso frecuente son las multinacionales que cuentan con distintas sedes y que requieren estar conectadas.

Es muy común que estas redes usen conexiones de **Fibra Óptica o conexiones vía satélite**, además de usar protocolos de enrutamiento de redes que aumenten la disponibilidad de los servicios.

REDES WAN

Aplicación práctica:

Una aplicación práctica de las redes WAN (Wide Area Network) se encuentra en la interconexión eficiente de sedes de multinacionales ubicadas a largas distancias geográficas. A continuación, te presento una aplicación específica de estas redes:

Interconexión de Sedes de una Multinacional:

Imagina una multinacional con sedes en diferentes ciudades o países alrededor del mundo. Para garantizar una comunicación efectiva y compartir recursos entre estas sedes distantes, utilizan una red WAN de la siguiente manera:

- **C*onexión de Sedes Geográficamente Dispersas:*
  - o ***Enlace de Fibra Óptica:*** La multinacional ha establecido conexiones de fibra óptica de alta velocidad entre sus sedes principales, lo que proporciona un ancho de banda confiable y rápido para la transmisión de datos y aplicaciones críticas.
  - o ***Conexiones Vía Satélite:*** En áreas remotas o en regiones donde no es factible desplegar fibra óptica,

31

la empresa utiliza conexiones vía satélite para mantener la conectividad con sus sedes. Esto garantiza que todas las ubicaciones estén interconectadas, sin importar su ubicación geográfica.

- *Protocolos de Enrutamiento Avanzados:*
  - o *Enrutamiento Dinámico:* Se utilizan protocolos de enrutamiento dinámico, como BGP (Border Gateway Protocol) o OSPF (Open Shortest Path First), para gestionar de manera eficiente las rutas de datos entre las sedes. Estos protocolos adaptan automáticamente la red a cambios en la topología y optimizan el tráfico.
  - o *Balanceo de Cargas:* La red WAN implementa el balanceo de cargas para distribuir equitativamente el tráfico entre múltiples enlaces WAN, lo que garantiza un uso eficiente de los recursos de conectividad.
- *Seguridad y Alta Disponibilidad:*
  - o *Túneles VPN Seguros:* Para garantizar la seguridad de las comunicaciones, se utilizan túneles VPN (Redes Privadas Virtuales) sobre las conexiones WAN. Esto protege los datos transmitidos entre las sedes y garantiza que solo personal autorizado tenga acceso.
  - o *Redundancia y Alta Disponibilidad:* Se implementa la redundancia en los enlaces WAN y se utiliza la diversidad de rutas para asegurar una alta disponibilidad. Si un enlace falla, el tráfico se redirige automáticamente por rutas alternativas para evitar tiempos de inactividad.
- *Acceso a Recursos Compartidos:*
  - o *Acceso Centralizado a Servidores:* Las sedes remotas tienen acceso a servidores centrales ubicados en la sede principal a través de la WAN. Esto permite el uso compartido de aplicaciones, bases de datos y archivos centralizados en toda la organización.
  - o *Comunicación Unificada:* La multinacional utiliza sistemas de comunicación unificados, como videoconferencias y llamadas VoIP, a través de la

WAN para fomentar la colaboración y la comunicación efectiva entre las sedes.

En esta aplicación práctica, las redes WAN permiten que una multinacional conecte y coordine de manera efectiva sus operaciones en todo el mundo, garantizando una comunicación segura y una alta disponibilidad de servicios esenciales. Esto mejora la eficiencia operativa y la toma de decisiones en toda la organización.

4.0 Comunicaciónes Equipo a Equipo

Introducción a las Comunicaciones

En los inicios de las redes de comunicaciones los terminales o equipos finales como ordenadores, impresoras, se denominaban host y cuando nos referimos a la comunicación host a host (o equipo a equipo) utilizamos **reglas, infraestructura y sistemas que permiten que cualquiera de estos dos equipos pueda comunicarse entre ellos**.

Los protocolos de comunicaciones son las reglas que ambos extremos de la comunicación deben conocer y compartir para que así se establezca una trasferencia de información.

En el pasado era común que los fabricantes de ordenadores contaban **con su propio sistema físico y su propio sistema operativo**. Cuando empezaron a verse los beneficios de las redes de comunicaciones, estos mismos fabricantes **diseñaron sus propios protocolos** pensados para conectarse entre sus propios equipos, pero eran totalmente incompatibles con los sistemas de otros fabricantes, esta particularidad trajo consigo que los **protocolos de diferentes fabricantes no pudieran comunicarse unos con otros**, por lo que se empezaron a desarrollar protocolos abiertos, es decir, protocolos que publicaban su funcionamiento y sus requerimientos libremente para que quien quisiera pudiera usarlos. La idea era, y sigue siendo, independizar el servicio de conexión entre los equipos finales permitiendo que dos hosts se puedan comunicar de forma simple independientemente de su fabricante o sistema operativo.

Además, el hecho de describir de forma libre los protocolos y las reglas de funcionamiento permitió la aparición de diferentes fabricantes especializados ya no en los terminales finales, sino en el diseño en construcción de equipos específicos para la gestión del tráfico de red.

Cualquier fabricante que cumpliera con los requisitos y el funcionamiento definido, podía interactuar con equipos de otros fabricantes. Así se consigue una red cada vez más eficiente y barata y, por lo tanto, una mayor aceptación entre los usuarios finales.

La estandarización de los protocolos asegura que todos los fabricantes y diseñadores sigan las mismas reglas de juego, permitiendo así una máxima interoperabilidad.

Los dos modelos estándares más conocidos en el mundo de las comunicaciones de ordenadores son OSI (Open System Interconnection) y TCP/IP, si bien ambos tienen un enfoque algo distinto.

Modelo de Referencia OSI

El modelo de referencia OSI, fue publicado por la **Organización Internacional de Normalización**, también más conocida como ISO.

Uno de los problemas más comunes en el pasado fue la interconexión entre diferentes redes con distintos protocolos y características, ya que cada fabricante utilizaba sus propios protocolos propietarios.

En 1980 se publicó el modelo referencia OSI, que indicaba todos los pasos que debe sufrir la información para viajar de un sistema a otro. Se definieron siete capas de abstracción, indicando la funcionalidad de cada una de ellas y su actuación sobre los datos.

Este modelo de siete capas es un desarrollo totalmente teórico donde se estructuran todas las funcionalidades que necesita una red para comunicar la información de un equipo a otro. Al ser un sistema teórico que no se ha llegado a implantar en sistemas productivos, se le considera un marco de referencia que permite comparar y ajustar los distintos protocolos para asegurar su interconectividad.

Miremos cada una de las capas del modelo OSI:

- **Capa 1: Física**

- En esta capa vemos cosas como los niveles de voltaje, los conectores físicos, los tiempos, tasa de datos, todo lo que sea físico
- **Capa 2: Enlace de datos**
  - Esta capa asegura que los datos estén formateados de la forma correcta, se encarga de la detección de errores y se asegura de que los datos se entreguen de manera confiable. En esta capa vive Ethernet, tanto las direcciones MAC como las tramas Ethernet están en la capa de enlace de datos.
- **Capa 3: Red**
  - Tanto IPv4 como IPv6 están en esta capa, que se encarga de la conectividad y la selección de la mejor ruta. Todos los dispositivos conectados a la red necesitan de una dirección IP única.
- **Capa 4: Transporte**
  - Esta capa se encarga del transporte de segmentos de redes entre los dispositivos de la red. En esta capa tenemos los siguientes protocolos:
  - TCP: Protocolo que envía de forma confiable los datos
  - UDP: Protocolo que no envía de forma confiable los datos
- **Capa 5: Sesión**
  - La capa de sesión se encarga de establecer, gestionar y finalizar sesiones entre dos hosts. Cuando navegas por un sitio web en Internet, probablemente no sea el único usuario del servidor web que aloja ese sitio web. Este servidor web necesita realizar un seguimiento de todas las diferentes "sesiones".
- **Capa 6: Presentación**
  - Éste se asegurará de que la información sea legible para la capa de aplicación formateando y estructurando los datos. La mayoría de las computadoras usan la tabla ASCII para los caracteres.
  - Si otra computadora utilizara otros caracteres como EBCDIC, entonces la capa de presentación necesita

"reformatear" los datos para que ambas computadoras coincidan en los mismos caracteres.

- **Capa 7: Aplicación**
  - o En esta capa tenemos aplicaciones como el correo electrónico, browsing, http, ftp y muchos más.

Para enviar datos a través de la red, siempre debe pasar por todas las capas , una por una, sin saltarnos ninguna

Capa 7	Aplicación
Capa 6	Presentación
Capa 5	Sesión
Capa 4	Transporte
Capa 3	Red
Capa 2	Enlace de datos
Capa 1	Física

MODELO DE REFERENCIA OSI

Aplicación práctica:

Una aplicación práctica del Modelo de Referencia OSI se encuentra en la estandarización y comprensión de cómo funcionan las redes de comunicación, los protocolos y las capas involucradas en la transmisión de datos. A continuación, te presento una aplicación específica de este modelo:

Desarrollo y Compatibilidad de Protocolos de Red:

Imagina una empresa de tecnología que se dedica a la fabricación de dispositivos de red, como routers, switches y tarjetas de red. Utilizan el Modelo de Referencia OSI para desarrollar y garantizar la compatibilidad de sus productos en redes de diferentes fabricantes y tecnologías:

- ***Diseño de Productos de Red:***
  - ○ ***Consideración de las Capas OSI:*** Los ingenieros de la empresa diseñan sus productos teniendo en cuenta las siete capas del Modelo OSI. Cada capa se aborda individualmente para garantizar que los dispositivos sean compatibles con las redes existentes y puedan funcionar sin problemas en entornos heterogéneos.
- ***Estandarización de Protocolos:***
  - ○ ***Adherencia a Estándares OSI:*** La empresa se asegura de que sus dispositivos sigan estándares y protocolos basados en el Modelo OSI. Esto garantiza que los productos sean interoperables con equipos de otros fabricantes que también sigan estos estándares.
- ***Resolución de Problemas y Depuración:***
  - ○ ***Diagnóstico de Problemas en las Capas OSI:*** Cuando los clientes experimentan problemas de red, los técnicos de la empresa utilizan el Modelo OSI como marco de referencia para diagnosticar y solucionar problemas. Cada capa se evalúa de forma individual para identificar dónde se encuentra el problema y tomar medidas correctivas.
- ***Desarrollo de Actualizaciones y Mejoras:***
  - ○ ***Mejora de la Capacidad de la Red:*** Utilizando el Modelo OSI, la empresa puede desarrollar actualizaciones de firmware y software para sus dispositivos de red. Estas actualizaciones pueden mejorar el rendimiento, la seguridad y la eficiencia de la red de los clientes.
  - ○ ***Compatibilidad con Nuevas Tecnologías:*** A medida que surgen nuevas tecnologías y protocolos, la empresa puede adaptar sus productos para garantizar

que sigan siendo compatibles y funcionales en entornos de red en constante evolución.

- *Capacitación y Soporte Técnico:*
  - *Formación de Usuarios:* La empresa ofrece capacitación a sus clientes sobre cómo configurar y mantener sus dispositivos de red siguiendo las pautas del Modelo OSI. Esto ayuda a los usuarios a comprender mejor la funcionalidad de cada capa y cómo interactúan en una red.
  - *Soporte Técnico Basado en Capas:* El equipo de soporte técnico utiliza el Modelo OSI para comunicarse de manera efectiva con los clientes. Los técnicos pueden hacer preguntas específicas sobre la capa en la que se encuentra el problema y brindar soluciones más precisas.

En esta aplicación práctica, el Modelo de Referencia OSI se convierte en una herramienta esencial para el diseño, desarrollo, implementación y solución de problemas en el ámbito de las redes de comunicación, lo que permite a la empresa fabricante de dispositivos de red ofrecer productos y servicios de alta calidad y compatibilidad en el mercado.

Pila de Protocolos TCP/IP

La pila de protocolos TCP/IP es el resultado del desarrollo de una red de comunicaciones conmutadas dentro del Departamento de Defensa de Estados Unidos, fue un proyecto militar estadounidense.

La pila de protocolos TCP/IP nació con la idea de ofrecer los servicios mínimos de comunicación para que cualquier fabricante pudiera diseñar sus productos con esas bases comunes.

El modelo TCP/IP nació en base al modelo OSI, para definir el modelo TCP/IP, se ubicaron los protocolos que ya estaban operativos y se fueron ubicando en las capas OSI según su funcionalidad. Tras revisar el funcionamiento de los protocolos se vio que muchos cubrían distintas funcionalidades que según el modelo OSI debían estar separadas en diferentes capas.

Finalmente, se adaptó el modelo TCP/IP como un modelo de tan solo cuatro capas:

- **Capa de acceso a red**
  - o Esta capa define tanto la forma de conexión al medio físico como el método de comunicación entre dos equipos de una misma red local. Podríamos decir que esta capa del modelo TCP/IP cubre las dos primeras capas del modelo OSI (física y enlace de datos).
- **Capa de internet**
  - o En esta capa encontramos los servicios para enviar información a través de múltiples redes hasta alcanzar destinos remotos. Tendría una equivalencia casi directa con la capa de red del modelo OSI.
- **Capa de transporte**
  - o En la capa de transporte encontramos los servicios para enviar información y mensajes ordenados usando los servicios de las capas inferiores. Podemos decir que cubre la mayoría de los servicios de la capa de transporte del modelo OSI.
- **Capa de aplicación**
  - o En esta capa nos encontramos a todos los protocolos que utilizan los servicios de la capa de transporte para enviar la información. En el modelo TCP/IP, cada protocolo debe ofrecer sus propios sistemas para ofrecer un servicio completo a las aplicaciones de usuario. Así, aunque generalmente en esta capa de modelo TCP se incluyen los tres superiores del modelo OSI -sesión, presentación y aplicación-, la verdad es que cada protocolo ofrecerá, o no, los servicios de esas capas en función de sus propias necesidades.

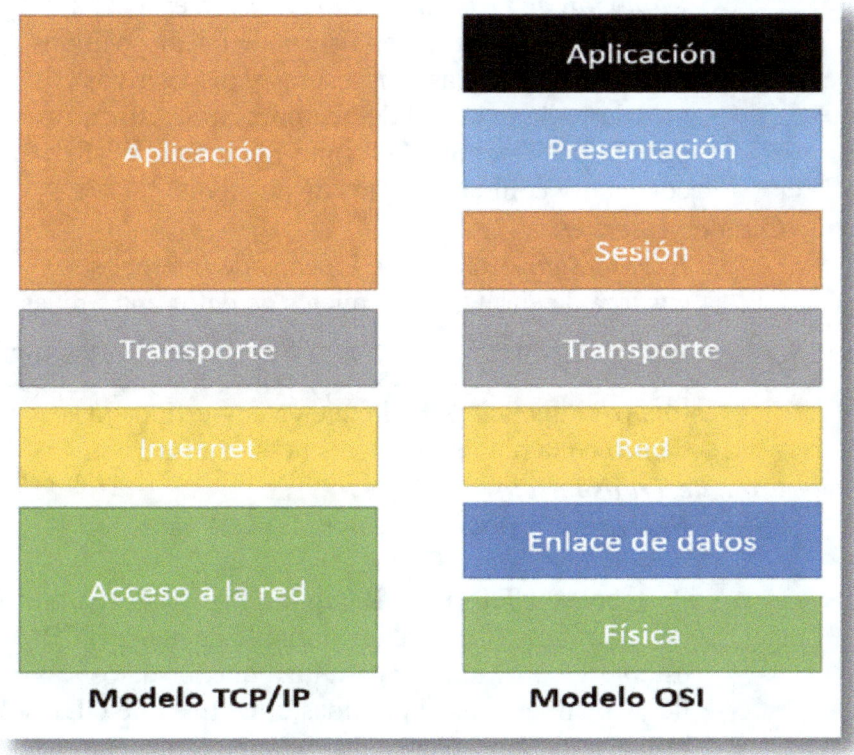

MODELO TCP/IP

Aplicación práctica:

Una aplicación práctica de la Pila de Protocolos TCP/IP se encuentra en la gestión y funcionamiento de las comunicaciones en una red de una organización. A continuación, te presento una aplicación específica de esta pila de protocolos:

Gestión de Comunicaciones en una Empresa:

Imagina una empresa que utiliza la Pila de Protocolos TCP/IP para administrar y garantizar la conectividad de todos sus dispositivos y sistemas de red. Aquí hay una descripción de cómo se aplica la Pila TCP/IP en esta empresa:

- **Capa de Acceso a Red:**

- **Conexión de Dispositivos Físicos:** En esta capa, se gestionan las conexiones físicas de los dispositivos, como computadoras, impresoras y dispositivos móviles, a la red local de la empresa. Se utilizan protocolos y tecnologías como Ethernet o Wi-Fi para conectar y comunicar estos dispositivos.

- **Capa de Internet:**
  - **Enrutamiento de Datos:** La capa de Internet se encarga de enrutar los paquetes de datos entre redes locales y remotas. Los enrutadores (routers) juegan un papel fundamental en esta capa al determinar la mejor ruta para que los datos lleguen a su destino, ya sea dentro de la red de la empresa o hacia Internet.

- **Capa de Transporte:**
  - **Entrega Confiable de Datos:** En esta capa, los protocolos como TCP (Transmission Control Protocol) y UDP (User Datagram Protocol) se utilizan para garantizar la entrega confiable de datos. TCP establece conexiones y garantiza que los datos lleguen sin errores ni pérdidas, mientras que UDP se utiliza para aplicaciones que requieren una entrega rápida pero no necesariamente confiable.

- **Capa de Aplicación:**
  - **Protocolos de Aplicación:** En la capa de aplicación, se ejecutan diversos protocolos que permiten a los dispositivos y sistemas de la empresa comunicarse y colaborar. Algunos ejemplos incluyen:
    - HTTP/HTTPS para navegación web.
    - SMTP/POP3/IMAP para correos electrónicos.
    - SMB/CIFS para compartir archivos y recursos.
    - DNS para resolución de nombres de dominio.
    - VoIP (Voice over IP) para comunicaciones de voz.
    - FTP para transferencia de archivos.
    - SSH para acceso seguro a dispositivos y servidores.

Esta empresa utiliza la Pila de Protocolos TCP/IP como base para todas sus comunicaciones internas y externas. Los administradores de red configuran y gestionan dispositivos como enrutadores, switches y servidores para garantizar un flujo de datos seguro y eficiente en toda la organización.

Además, la empresa mantiene medidas de seguridad, como firewalls y sistemas de detección de intrusiones, en varias capas de la pila para proteger la red contra amenazas externas e internas. El uso de la Pila TCP/IP permite a la empresa mantener una infraestructura de red robusta y adaptable que respalda sus operaciones comerciales y la comunicación con clientes y socios en todo momento.

Comunicaciones Equipo a Equipo

En las comunicaciones equipo a equipo, si un usuario quiere enviar un correo electrónico a otro usuario, al darle al botón enviar, la información baja por las distintas capas de la pila de protocolos TCP/IP, se transmite por la red y allí la información sube por las mismas capas de los mismos protocolos y se presenta en la pantalla del terminal destino.

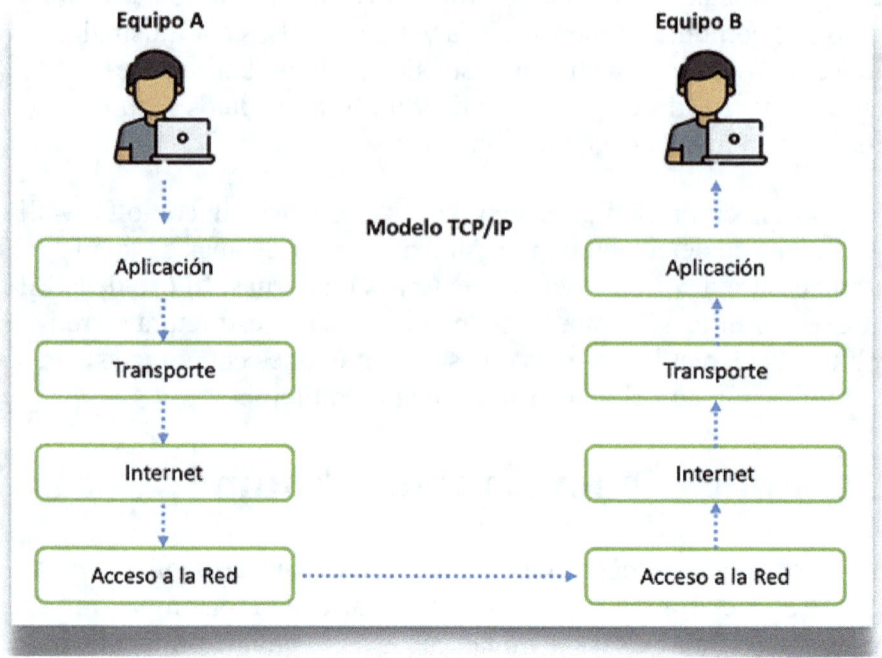

COMUNICACIÓN EQUIPO A EQUIPO

Durante el proceso de comunicación, los protocolos de cada capa **intercambian paquetes entre las capas de igual a igual**.

La información intercambiada por cada capa se denomina **PDU (Protocol Data Unit)**, y solo es leíble y entendible por la misma capa del otro extremo.

Dentro de la pila TCP/IP, las PDU reciben un nombre específico para cada capa:

- *Datos* para la capa de aplicación
- *Segmento* para la capa de transporte
- *Paquete* para la capa de internet
- *Trama* en la capa de acceso a la red.

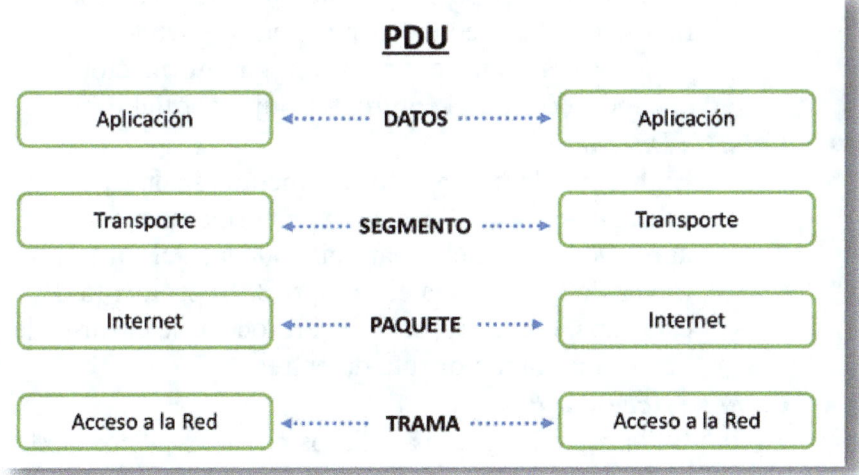

PDU

Aplicación práctica:

Una aplicación práctica de las comunicaciones equipo a equipo en el contexto de la Pila de Protocolos TCP/IP se encuentra en el proceso de envío y recepción de un correo electrónico entre dos usuarios. A continuación, te describo cómo ocurre esta comunicación paso a paso:

Envío de Correo Electrónico Equipo a Equipo:

- **Composición del Correo Electrónico:**
  - Un usuario en el Equipo A decide enviar un correo electrónico a otro usuario en el Equipo B. El usuario redacta el correo, adjunta archivos si es necesario y hace clic en "Enviar".
- **Capa de Aplicación:**
  - En la capa de aplicación, el programa de correo electrónico del Equipo A prepara el correo electrónico para su envío. El mensaje se estructura de acuerdo con el protocolo de correo electrónico utilizado, como SMTP (Simple Mail Transfer Protocol).
- **Capa de Transporte:**

- La capa de transporte (por ejemplo, TCP) divide el mensaje del correo electrónico en segmentos más pequeños, si es necesario, y agrega información de encabezado para el control de flujo y la fiabilidad.

- *Capa de Internet:*
  - En la capa de internet, los segmentos se encapsulan en paquetes. La información de enrutamiento se agrega a los paquetes para que puedan ser dirigidos a través de la red hacia el Equipo B. El protocolo de esta capa, como IP (Internet Protocol), se encarga de determinar la mejor ruta de entrega.

- *Capa de Acceso a Red:*
  - En la capa de acceso a red, los paquetes se convierten en tramas. Esta capa se encarga de la transmisión física a través de la red local o la conexión de área amplia. Los protocolos de acceso a red, como Ethernet, Wi-Fi o cualquier otro medio, juegan un papel importante aquí.

- *Transmisión a través de la Red:*
  - Las tramas se transmiten por la red, ya sea por cable o inalámbricamente, desde el Equipo A al Equipo B. Los routers y switches de la red se encargan de enrutar y conmutar las tramas hacia su destino final.

- *Recepción en el Equipo B:*
  - En el Equipo B, las tramas se empaquetan en paquetes, se ensamblan los segmentos y se entregan a la capa de aplicación del Equipo B.

- *Capa de Aplicación (Equipo B):*
  - La capa de aplicación del Equipo B recibe los segmentos y los reconstruye en un correo electrónico legible. El programa de correo electrónico del Equipo B muestra el mensaje en la pantalla del usuario destinatario.

Durante todo este proceso, cada capa de la Pila de Protocolos TCP/IP se comunica con su capa correspondiente en el equipo destino, asegurando que la información sea transmitida de manera eficiente y confiable. Cada capa desempeña un papel importante en la comunicación equipo a equipo, lo que permite a los usuarios enviar y recibir correos electrónicos y otros datos de manera efectiva a través de la red.

Encapsulado de Datos y la Pila de Protocolo TCP/IP

Cuando el paquete se transfiere a través de la pila de protocolo TCP/IP, **los protocolos de cada capa agregan o eliminan campos del encabezado básico**.

Cuando un protocolo del sistema de envío agrega datos al encabezado del paquete, el proceso se denomina encapsulado de datos.

Veamos cómo funciona con un ejemplo práctico:

- Supongamos el envío de un correo electrónico. Como usuario, simplemente escribimos una frase: "Esto es un correo electrónico". Elegimos el destinatario y le damos al botón Enviar.
- Cuando el protocolo SMTP de la capa de aplicación recibe los datos a enviar, añade una cabecera con la información que él necesita para gestionar el envío del correo. En nuestro ejemplo, añadiría la información de la cuenta de correo origen, el correo del destinatario, los campos que indican si hay o no hay ficheros adjuntos... básicamente incluirá todo aquello que el protocolo SMTP considere necesario.
- Una vez el protocolo SMTP ha terminado su trabajo, le entrega el resultado al protocolo TCP de la capa inferior. Aquí, el protocolo TCP añade su propia cabecera, donde podemos incluir los datos como pueden ser los números de los puertos.
- El protocolo IP añadirá su cabecera con la información necesaria, por ejemplo, las direcciones IP o la longitud del paquete.
- En cuanto a la capa de acceso a la red recibe un paquete IP, añade su cabecera para permitir la comunicación de red local,

por ejemplo, incluyendo la dirección en MAC, y finalmente realiza el cálculo del checksum, que lo añade como una cola al final de la trama.

- En este momento la trama ethernet es enviada por la red para finalmente llegar al destinatario final. Este destinatario final realizará la tarea contraria e irá desempaquetando la información según va subiendo por su pila TCP/IP.

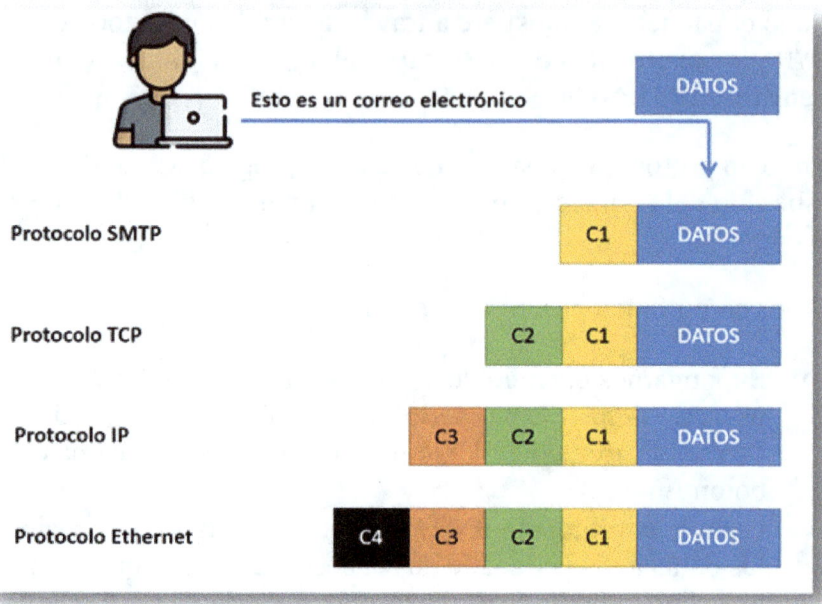

- C1: Encapsulación en la capa de Aplicación (SMTP Simple Mail Transfer Protocol)
- C2: Encapsulación en la capa de Transporte (TCP Transmission Control Protocol)
- C3: Encapsulación en la capa de Internet (IP Internet Protocol)
- C4: Encapsulación en la capa de Acceso a la Red (Ethernet)

5.0 Introducción a las Redes LAN

Las redes LAN o redes de área local, son redes que cubren **extensiones físicas acotadas**. La mayoría de las redes LAN se usan en hogares o en empresas. De este modo, distintos dispositivos pueden comunicarse entre ellos y no dependen del número de dispositivos o la complejidad de ellos para estar dentro de la categoría de una red LAN.

En nuestro hogar podemos tener una red LAN, donde distintos equipos conectados a una red cableada o de forma inalámbrica se conectan unos con otros y con acceso a Internet.

Para el caso de grandes empresas, éstas construyen sus redes en base a la cantidad de usuarios que requieren conectarse entre ellos y a los sistemas de cómputo dentro de un edificio o de un campus, por ejemplo.

Las ventajas de las redes LAN es su sencillez de conexión, su gran capacidad de crecimiento y su bajo costo en general, comparten en estas redes, recursos como impresoras, servidores de archivos, servidores de FTP, de bases de datos, etc.

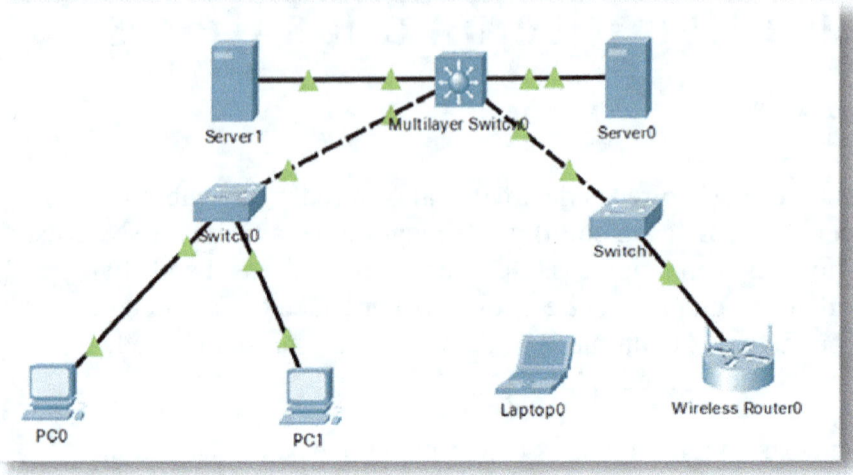

RED LAN

Aplicación práctica:

Una aplicación práctica de las redes LAN (Redes de Área Local) se encuentra en el entorno empresarial, donde estas redes se utilizan para proporcionar conectividad y compartir recursos entre los dispositivos y sistemas dentro de una organización. A continuación, te presento un ejemplo de cómo se aplican las redes LAN en una empresa:

Red LAN en una Empresa:

Imagina una empresa que utiliza una red LAN para conectar y facilitar la comunicación entre todos los dispositivos y sistemas que se utilizan en sus operaciones diarias. Aquí hay una descripción de cómo se aplica una red LAN en esta empresa:

- ***Conexión de Dispositivos:***
  - La empresa tiene una infraestructura de red que incluye cables Ethernet y puntos de acceso inalámbricos para conectar computadoras de escritorio, laptops, impresoras, teléfonos IP y otros dispositivos. Cada dispositivo se conecta a la red

LAN de la empresa, ya sea mediante un cable Ethernet o a través de Wi-Fi.

- *Compartir Recursos:*
  o En la red LAN de la empresa, se comparten recursos importantes, como impresoras compartidas. Todos los empleados pueden imprimir documentos en las impresoras de red desde sus propias estaciones de trabajo, lo que facilita la colaboración y el trabajo en equipo.
- *Acceso a Servidores:*
  o La empresa tiene servidores de archivos y aplicaciones que son accesibles a través de la red LAN. Los empleados pueden acceder a archivos compartidos en el servidor de archivos o utilizar aplicaciones empresariales alojadas en servidores de aplicaciones.
- *Seguridad de la Red LAN:*
  o La empresa implementa medidas de seguridad en su red LAN, como firewalls, sistemas de detección de intrusiones y autenticación de usuarios. Esto garantiza que la red y los datos de la empresa estén protegidos contra amenazas y accesos no autorizados.
- *Acceso a Internet:*
  o La red LAN está conectada a Internet a través de un router o un firewall. Esto permite que los empleados accedan a recursos en línea, envíen correos electrónicos y realicen investigaciones en la web como parte de sus tareas diarias.
- *Comunicación Interna:*
  o Los empleados utilizan la red LAN para la comunicación interna a través de correos electrónicos, aplicaciones de mensajería instantánea o sistemas de telefonía IP. Esto facilita la colaboración y la comunicación eficiente dentro de la empresa.
- *Administración de la Red:*
  o Los administradores de red supervisan y mantienen la red LAN para garantizar su rendimiento óptimo. Esto incluye la gestión de direcciones IP, la resolución de

problemas de conectividad y la aplicación de
actualizaciones de seguridad.

En resumen, las redes LAN son fundamentales para la operación de
una empresa moderna, ya que permiten la comunicación fluida, el
acceso a recursos compartidos y la colaboración eficiente entre los
empleados. La capacidad de compartir recursos y datos en una red
LAN mejora la productividad y la eficiencia en el entorno
empresarial.

Componentes de una Red LAN

Una red LAN permite **conectar diferentes tipos de dispositivos
como equipos finales** o host, dentro de los equipos finales tenemos
PC, impresoras, IPAD, smartphone, etc., estos equipos finales deben
usar los mismos protocolos de comunicación para entenderse, al
igual que los humanos ocupamos lenguajes comunes para
entendernos como por ejemplo usar el mismo idioma. Los equipos
finales deben tener una interfaz de red o NIC (Network Interface
Card) para conectarse de forma física a la red, y a su vez debe contar
con una dirección IP única dentro de la red. Además, cada interfaz
de red cuenta con una dirección MAC que también tiene que ser
única dentro de una red (aunque en la práctica la dirección MAC se
puede clonar)

También tenemos un elemento importante dentro de una red LAN
son los llamados equipos **hub, switches. enrutadores o routers**, que
son los equipos capaces de transmitir de una u otra forma el tráfico
desde un punto a otro.

Por otra parte, tenemos el medio físico por donde se transmite la
información, tenemos **cables de cobre, fibra óptica o señales de
radio frecuencia**. En un medio donde usamos cable de cobre, la
interfaz de conexión es el RJ-45. En un medio como la fibra óptica,
el medio de conexión son conectores del tipo ST, SC, LC, etc.

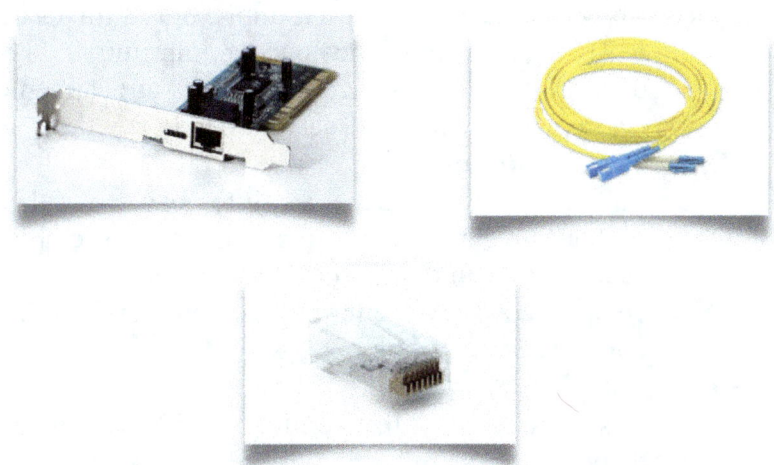

MEDIOS DE CONEXÓN A LA RED

Aplicación práctica:

Una aplicación práctica de los componentes de una red LAN se encuentra en un entorno de oficina moderno. Imagina una oficina con varios departamentos y empleados que necesitan conectarse y compartir recursos. Aquí se describe cómo se aplican los componentes de una red LAN en esta oficina:

Red LAN en una Oficina:

- **Equipos Finales:**
  - En cada escritorio de la oficina, los empleados tienen computadoras de escritorio o laptops con NIC (Network Interface Card) incorporadas. También pueden tener dispositivos móviles como teléfonos inteligentes y tabletas que son compatibles con Wi-Fi.
- **Direcciones IP y MAC:**
  - Cada dispositivo en la red LAN tiene una dirección IP única dentro de la red, lo que permite la identificación y comunicación entre ellos. Además, cada NIC tiene una dirección MAC única para la identificación a nivel de hardware.
- **Impresoras Compartidas:**

- o En la oficina, se comparten impresoras a través de la red LAN. Los empleados pueden imprimir documentos desde sus computadoras directamente en las impresoras compartidas utilizando la red.
- *Conectividad a Internet:*
  - o La red LAN está conectada a Internet a través de un router o un enrutador. Esto permite que los empleados accedan a recursos en línea, envíen correos electrónicos y realicen investigaciones en la web como parte de su trabajo.
- *Switches y Routers:*
  - o Los switches se utilizan en la red LAN para conectar dispositivos dentro de la misma red local. Los routers se utilizan para enrutar el tráfico entre diferentes redes, como la LAN y la red externa (Internet).
- *Cableado de Red:*
  - o En la oficina, el medio físico para la transmisión de datos puede ser cables Ethernet (RJ-45) que conectan las computadoras a los switches y routers. Esto garantiza una conectividad confiable y de alta velocidad.
- *Comunicación Interna y Compartir Recursos:*
  - o Los empleados utilizan la red LAN para comunicarse internamente a través de correos electrónicos, compartir archivos en servidores de archivos locales y acceder a aplicaciones empresariales que se ejecutan en servidores internos.
- *Seguridad de Red:*
  - o Se implementan medidas de seguridad en la red LAN, como firewalls y sistemas de detección de intrusiones, para proteger los datos confidenciales de la empresa y garantizar que no haya accesos no autorizados.
- *Administración de la Red:*
  - o Los administradores de red supervisan y mantienen la red LAN, gestionando direcciones IP, resolviendo problemas de conectividad y aplicando actualizaciones de seguridad para garantizar un rendimiento óptimo.

En resumen, los componentes de una red LAN son esenciales en un entorno de oficina moderno, ya que permiten la conectividad, la comunicación interna y el intercambio de recursos entre empleados y dispositivos. La infraestructura de red LAN facilita la colaboración y la eficiencia en el lugar de trabajo.

SWITCHES en una Red LAN

En redes de área local podemos distinguir tres tipos de flujos de tráfico, tenemos la comunicación uno a uno llamada también **tráfico unicast**, una comunicación que tiene un único origen y es recibida por múltiples equipos llamada también **tráfico multicast** y tenemos una comunicación donde un emisor envía información a todos los equipos de red llamada también **tráfico broadcast.**

Uno de los primeros equipos en aparecer fueron los **concentradores o hubs**, que fueron una solución simple y económica para las primeras redes de área local. Permitían conectar múltiples equipos a un punto central y trasmitir información entre ellos. El funcionamiento de los hubs era sencillo: repetían la señal recibida por todos los puertos salvo por el que la habían recibido, por lo que el comportamiento de tráfico es igual que un tipo de tráfico broadcast, ya que el tráfico se enviaba a todas las bocas del hub, por lo que si un ordenador recibía este tráfico tenía que ocupar ciclos de CPU aún si no fuese un tráfico para este él mismo.

Otro gran problema de los hubs era que tenían una comunicación denominada half-duplex. El concentrador solo podía enviar o recibir información por cada interfaz, así que en el momento en que el hub estaba enviando información, si el equipo final hacía lo mismo, se generaba una colisión que no era detectada hasta que el receptor final calculase el checksum. Esto obligaba a múltiples retransmisiones debido a estas colisiones. Cuando las redes fueron creciendo, este problema no hizo más que agravarse. Ante esta limitación, cada vez más importante en las redes cada vez mayores y más usadas, los **conmutadores o switches** fueron ganando peso gracias a su funcionamiento mucho más eficiente. Un switch sí que puede gestionar los tres tipos de comunicación: unicast, multicast, broadcast sin ningún problema.

HUB

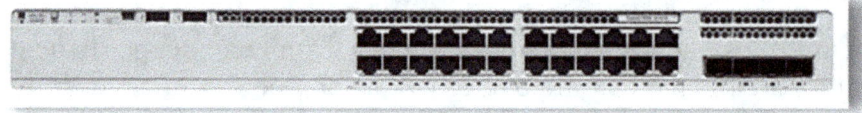

SWITCH

Aplicación práctica:

Una aplicación práctica de los switches en una red LAN se encuentra en un entorno de oficina o empresa. Supongamos que una empresa tiene una red LAN con múltiples empleados y departamentos. Aquí se describe cómo se aplica el uso de switches en esta red:

Red LAN en una Oficina con Switches:

- ***Conectividad de Empleados:***
    - En una empresa, los empleados utilizan computadoras de escritorio o laptops para llevar a cabo su trabajo. Estos dispositivos están conectados a la red LAN de

la empresa a través de puertos Ethernet de los switches.

- *Departamentos Separados:*
  - o La empresa tiene varios departamentos, como ventas, marketing, contabilidad y recursos humanos. Cada departamento puede estar conectado a un switch específico para ese departamento.
- *Tráfico Eficiente:*
  - o Los switches permiten un tráfico eficiente dentro de cada departamento. Cuando un empleado en el departamento de ventas envía datos a otro empleado en el mismo departamento, el switch asegura que los datos se entreguen directamente al destino sin congestionar la red.
- *Segmentación de Red:*
  - o Los switches también se utilizan para segmentar la red en diferentes VLAN (Virtual LAN) si es necesario. Esto permite separar lógicamente partes de la red para mejorar la seguridad y el rendimiento.
- *Velocidad y Full Duplex:*
  - o A diferencia de los hubs, los switches permiten una comunicación full-duplex, lo que significa que pueden transmitir y recibir datos simultáneamente. Esto evita colisiones de datos y mejora la velocidad de la red.
- *Administración de Tráfico:*
  - o Los administradores de red pueden configurar y gestionar los switches para priorizar el tráfico en función de las necesidades de la empresa. Por ejemplo, se puede dar prioridad al tráfico de voz sobre IP (VoIP) para garantizar una calidad de llamada óptima.
- *Escalabilidad:*
  - o Si la empresa crece y se agregan más empleados o departamentos, es fácil escalar la red agregando más switches según sea necesario. Esto permite que la red crezca sin problemas.
- *Redundancia:*

o Los switches también se pueden configurar para proporcionar redundancia y alta disponibilidad. Si un switch falla, otro puede tomar su lugar automáticamente para evitar interrupciones en la red.

En resumen, los switches desempeñan un papel crucial en una red LAN empresarial al proporcionar conectividad eficiente, segmentación, velocidad y capacidad de administración. Permiten que los empleados se comuniquen y compartan recursos de manera eficiente, lo que contribuye a la productividad y la eficiencia en el entorno laboral.

Funcionamiento básico de un SWITCH

En la actualidad los Switch han desplazado completamente a los hub debido a su **mayor eficiencia** y a la **reducción de costo** de la electrónica.

Los Switches son usados para **conectar distintos tipos de dispositivos de red**, una vez que el switch aprende que dispositivo está conectado a un puerto específico de él, entonces lo agrega a su tabla conformada por el dispositivo en cuestión (dirección MAC) y el puerto al cual está conectado.

La primera vez que se inicia un Switch, éste no contiene la información de puerto/MAC, por lo que cuando un ordenador A quiere comunicarse con otro ordenador B, y pasa por el switch, entonces el switch, ha recibido un paquete, pero no sabe dónde enviarlo, así que lo envía a todos sus puertos, salvo a la interfaz por donde entró el paquete (ordenador A). Una vez que el paquete llega al ordenador B, éste enviará una respuesta a la red, pero esta vez el switch ya ha aprendido en qué interfaz está el ordenador A, así que enviará la información únicamente a esa puerta. De esta forma, analizando el tráfico que entra y sale, un switch va aprendiendo qué equipos tiene conectados en cada interfaz.

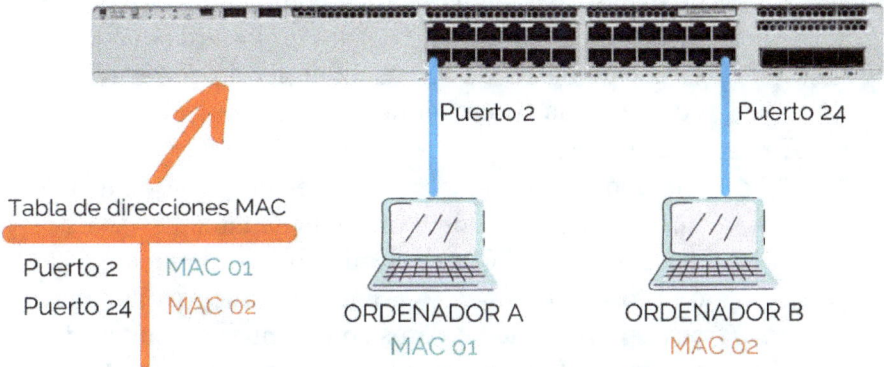

SWITCH

Puerto 2 · Puerto 24

Tabla de direcciones MAC

| Puerto 2 | MAC 01 |
| Puerto 24 | MAC 02 |

ORDENADOR A
MAC 01

ORDENADOR B
MAC 02

FUNCIONAMIENTO BÁSICO DE SWITCH

Aplicación práctica:

El funcionamiento básico de un switch en una red se puede aplicar en una oficina o empresa donde múltiples dispositivos están conectados a la red LAN a través del switch. Aquí hay una aplicación práctica del funcionamiento de un switch:

Funcionamiento Básico de un Switch en una Oficina:

- *Conectividad de Dispositivos:*
  - En una oficina, varios dispositivos como computadoras, impresoras, teléfonos IP y servidores están conectados a la red LAN a través de un switch.
- *Comunicación Eficiente:*
  - Cuando un dispositivo (por ejemplo, una computadora A) necesita comunicarse con otro dispositivo (por ejemplo, una impresora B) en la misma red, envía un paquete de datos al switch.
- *Tabla de Direcciones MAC:*
  - El switch mantiene una tabla de direcciones MAC que asocia las direcciones MAC de los dispositivos conectados con los puertos físicos del switch. Al principio, esta tabla está vacía.
- *Aprendizaje de Direcciones MAC:*

- o Cuando la computadora A envía un paquete de datos al switch, el switch examina la dirección MAC de origen en el paquete y registra en su tabla que la dirección MAC de A está en el puerto al que está conectada la computadora A.
- *Entrega Eficiente:*
  - o Cuando la computadora A necesita enviar datos a la impresora B, el switch consulta su tabla de direcciones MAC y determina que la dirección MAC de B está en un puerto específico. Luego, el switch envía el paquete de datos solo al puerto donde está conectada la impresora B, en lugar de transmitirlo a todos los puertos.
- *Minimización de Colisiones:*
  - o A diferencia de los hubs, donde todos los datos se transmiten a todos los dispositivos, un switch minimiza las colisiones al enviar los datos de manera selectiva al puerto correcto. Esto mejora la eficiencia y reduce la congestión en la red.
- *Mejora del Rendimiento:*
  - o Los switches también permiten la comunicación full-duplex, lo que significa que los dispositivos pueden enviar y recibir datos al mismo tiempo, mejorando el rendimiento de la red.
- *Escalabilidad:*
  - o Los switches se pueden agregar o reemplazar fácilmente en una red para acomodar más dispositivos a medida que la empresa crece.

En resumen, un switch aprende y utiliza información sobre las direcciones MAC de los dispositivos conectados para dirigir eficientemente el tráfico de datos en una red. Esto mejora el rendimiento, reduce colisiones y permite una comunicación rápida y efectiva entre dispositivos en la red de una empresa u oficina.

6.0 La Capa Física

El Medio Físico de las Redes

Ethernet es un estándar de redes de área local, emitido por IEEE, que define las características físicas de los distintos tipos de cableado, la señalización a nivel físico y los formatos de tramas a nivel de la capa dos del modelo OSI.

Ethernet se tomó como base para desarrollar el estándar internacional 802.3, por lo que muchas veces se les considera sinónimos, aunque en realidad hay algunas diferencias. En este caso nos basaremos en la definición del estándar 802.3.

La gran diferencia de ethernet, luego plasmada en 802.3, es la implantación del sistema CSMA/CD (Carrier Sense Multiple Access with Collision Detection). Esto permite el acceso compartido a un medio detectando las colisiones y evitándolas en lo posible. Este nuevo esquema de conexión mejoró en gran medida la eficiencia de las redes existentes.

Así, en ethernet se han ido definiendo nuevos medios físicos según la tecnología ha ido avanzando y cómo debían emitirse las señales para trasmitir datos por esos medios. Igualmente, se han ido definiendo los conectores estandarizados (RJ-45, SFP, etc.) para que cualquier sistema pueda conectarse a los distintos medios físicos.

Los diferentes protocolos de la familia 802.3 ofrecen toda la información necesaria para el uso a nivel físico de una red de ordenadores, adaptándose a los diferentes canales utilizados.

Además, se fija la estructura de las tramas dentro de una red local, definiendo las cabeceras y parámetros que se deben usar dentro de una red ethernet.

Se trata pues de la información de la capa dos del modelo OSI, que permite la conexión de equipos dentro de una red local, aunque utilicen medios físicos diferentes.

En estas cabeceras encontraremos tanto los identificadores locales de equipos, es decir, las direcciones MAC, como los parámetros para asegurar una correcta recepción de la información.

Algunos de los diferentes cableados físicos definidos dentro de la familia 802.3 y sus características principales.

En la familia de estándares 802.3 se definieron tres grandes grupos de cables basados en pares de cobre trenzado dentro de una funda plástica.

- **La familia UTP (Unshielded Twister Pair)** se diferencia, tal como su nombre indica, en que los pares no están protegidos por estas fundas de aluminio. Se trata de un cable bastante más sencillo de fabricar y, por lo tanto, más barato, por lo que es el más implantado en redes.
- **Los cables FTP (Foiled Twister Pair)** son un punto intermedio entre los dos anteriores, ya que cuentan con una funda de aluminio que cubre todos los pares del cable. Inicialmente, fue desarrollado como una mejora de los UTP para su uso en exterior, si bien hoy en día su aplicación se ha reducido a nichos muy específicos.
- **La familia STP (Shielded Twister Pair)** contiene pares de cables trenzados protegidos, cada par por una funda de aluminio; así se reducen en gran medida las interferencias electromagnéticas y se consigue una red más estable.

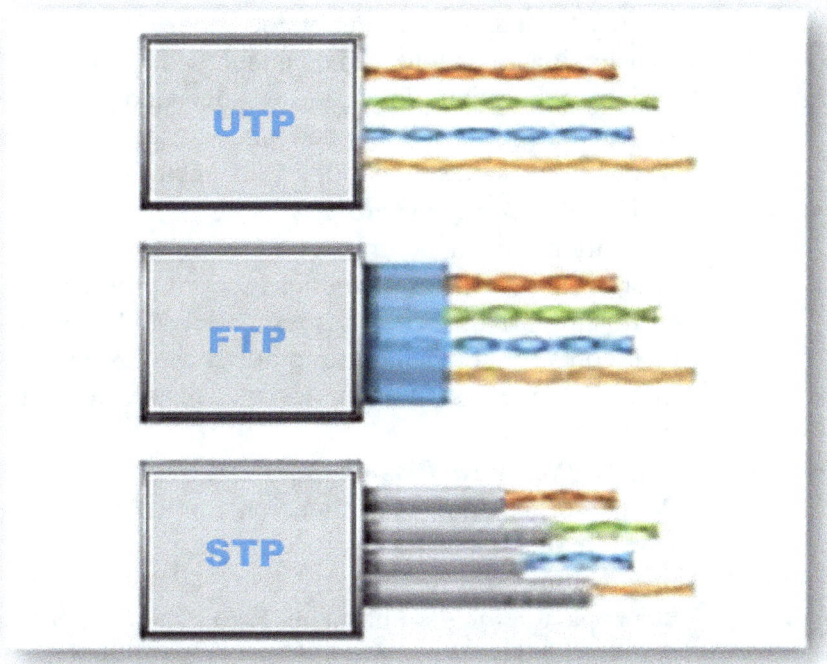

UTP/FTP/STP

Aplicación práctica:

La capa física de las redes, especialmente en el contexto de Ethernet y los estándares IEEE 802.3, es crucial para garantizar una comunicación eficiente y confiable entre dispositivos en una red local. Aquí hay una aplicación práctica relacionada con la capa física de Ethernet:

Selección del Medio Físico Ethernet en una Oficina:

En una oficina, la elección del medio físico Ethernet adecuado es esencial para garantizar un rendimiento óptimo de la red. Aquí se presentan algunas consideraciones prácticas:

- **Cableado UTP (Unshielded Twisted Pair):**
    o El cable UTP es una opción económica y comúnmente utilizada en la mayoría de las redes de

oficina. Viene en diferentes categorías, como Cat 5e, Cat 6 y Cat 6a, que ofrecen velocidades de transmisión y capacidades de ancho de banda variables. Por ejemplo, Cat 6a es adecuado para aplicaciones de alta velocidad y puede admitir velocidades de hasta 10 Gbps a distancias cortas.

- *Cableado FTP (Foiled Twisted Pair):*
  - o Si la oficina se encuentra en un entorno donde las interferencias electromagnéticas son un problema, como en fábricas o entornos industriales, el cableado FTP con su funda de aluminio que rodea los pares trenzados puede ser una opción más resistente a las interferencias.
- *Cableado STP (Shielded Twisted Pair):*
  - o Para entornos donde la protección contra interferencias es crítica, como en centros de datos o instalaciones médicas, el cableado STP proporciona una capa adicional de blindaje. Esto ayuda a mantener la integridad de la señal y reduce la posibilidad de interferencia electromagnética.
- *Conectores y Enchufes Estándar:*
  - o Para garantizar la compatibilidad y la facilidad de conexión, es importante utilizar conectores estándar como el conector RJ-45. Estos conectores son universales y se pueden utilizar con diferentes tipos de cableado.
- *Velocidades y Distancias:*
  - o Considere las necesidades de velocidad y la distancia de cable requerida para conectar dispositivos en su oficina. Algunas aplicaciones pueden requerir conexiones Gigabit Ethernet, mientras que otras pueden funcionar bien con conexiones Fast Ethernet.
- *Efectos de la Atenuación:*
  - o Tenga en cuenta que la longitud del cable puede afectar la calidad de la señal. Cuanto más largo sea el cable, mayor será la atenuación de la señal. Utilice repetidores o switches intermedios si necesita extender la distancia de la red.

- *Planificación de la Infraestructura:*
  - Antes de instalar el cableado, realice una planificación adecuada de la infraestructura, incluyendo la ubicación de los paneles de parcheo, los racks y la disposición de los cables. Esto facilitará la gestión y el mantenimiento de la red.

Al seleccionar el medio físico Ethernet adecuado y seguir buenas prácticas de instalación, se puede garantizar una conectividad de red confiable y de alto rendimiento en una oficina. Esto es esencial para respaldar las operaciones diarias y la comunicación eficiente entre los dispositivos en la red local.

»»

Los cables UTP han ido evolucionando en función de la tecnología disponible y las necesidades de los protocolos, por lo que los estándares han ido definiendo diferentes categorías según sus características.

- **La categoría CAT1** implica un único par trenzado y se diseñó para telefonía analógica, no es posible trasmitir datos digitales.
- **La categoría CAT2** ya se puede trasmitir hasta 4 megabits por segundo
- **La categoría CAT3** es capaz de trasmitir hasta 10 megabits por segundo, cuando se popularizó este tipo de cableado.
- **La categoría CAT4** fue una especificación pensada para redes token ring y tenía una capacidad de hasta 16 megabits por segundo.
- **La categoría CAT5** consiguió alcanzar velocidades de hasta 100 megabits por segundo, y fue uno de los puntos que permitió la gran expansión de las redes de ordenadores. Gracias a este la categoría 5E que conseguía hasta un gigabit por segundo, aunque a una distancia algo menor.
- **La categoría CAT6** se usaron cables de mayor segmento consiguiendo velocidades de hasta 10 gigabits por segundo. Esta categoría evolucionó en la categoría 6A, consiguiendo la misma velocidad de 10 gigabits por segundo, pero con más

estabilidad y mayores distancias. Incluso se puede llegar a los 40 gigabits por segundo en entornos muy controlados.

- **La categoría CAT7** se presentó con una capacidad de hasta 10 gigabits por segundo, pero se espera que alcance velocidades mucho mayores que aún están pendientes de estandarizar.

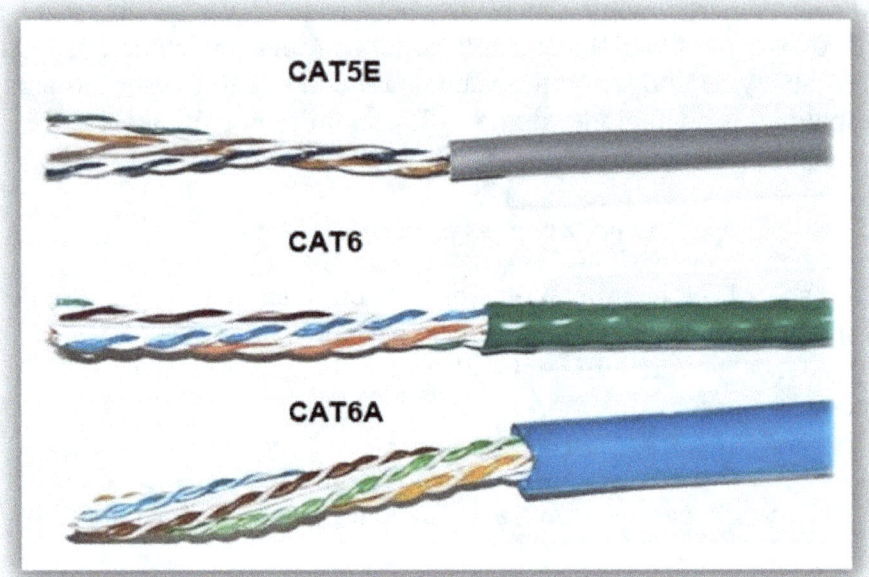

CATEGORÍAS DE CABLES

Los cables UTP utilizan conectores tipo RJ-45 para unir los propios cables con las interfaces de red de los equipos. Los conectores tipo hembra suelen usarse en los equipos de red o las tomas de pared, dejando el tipo macho como terminadores del propio cable de red. La forma de los conectores RJ-45 asegura una buena estabilidad de la red, ya que no se desconectarán ni moverán salvo deseo expreso del usuario. El orden de conexión de los cables dentro de los conectores RJ-45 es importante para las comunicaciones.

Cuando tenemos un cable de red donde cada uno de los 8 pin del conector de un extremo corresponde exactamente con los del otro, lo denominamos directo. Este tipo de cable está pensado para conectar equipos diferentes: host, rúters, switches...

En cambio, en los cables cruzados, pensados para conectar equipos iguales, dos hosts, dos switches, dos rúters... los pines de los extremos varían. La verdad es que hoy en día la mayoría de los equipos de red detectan automáticamente qué tipo de conexión necesitan y se adaptan, por lo que el uso de un tipo u otro de cable es cada vez menos importante.

Aplicación práctica:

La evolución de las categorías de cables UTP (Unshielded Twisted Pair) es fundamental para el rendimiento y la velocidad de las redes de área local (LAN). Aquí hay una aplicación práctica relacionada con las categorías de cables UTP y su uso:

Selección de la Categoría de Cable UTP Adecuada:

En un entorno empresarial o de redes domésticas, la elección de la categoría de cable UTP adecuada es esencial para garantizar una transmisión de datos eficiente y confiable. Aquí se presentan algunas consideraciones prácticas:

- *CAT5e (Categoría 5e):*
  o El cable CAT5e es una opción versátil y económica que es adecuada para la mayoría de las aplicaciones de redes locales. Ofrece velocidades de hasta 1 Gbps (Gigabit por segundo) a distancias de hasta 100 metros. Es ampliamente utilizado en entornos de oficina y hogar para conexiones Ethernet.
- *CAT6 (Categoría 6):*
  o El cable CAT6 es una opción más avanzada que admite velocidades de hasta 10 Gbps a distancias más cortas, generalmente hasta 55 metros. Es ideal para redes que requieren un alto rendimiento, como entornos de alta densidad de dispositivos o aplicaciones de transmisión de video en tiempo real.
- *CAT6a (Categoría 6a):*
  o El cable CAT6a es una versión mejorada del CAT6 y puede admitir velocidades de 10 Gbps a distancias de hasta 100 metros. Es especialmente adecuado para

aplicaciones empresariales que requieren un alto ancho de banda y una mayor longitud de cable.

- *CAT7 (Categoría 7):*
  - o El cable CAT7 es capaz de soportar velocidades de hasta 10 Gbps y se espera que alcance velocidades aún mayores en el futuro. Está diseñado para reducir la interferencia electromagnética y es una opción sólida para entornos de alta exigencia y rendimiento.
- *Cables Cruzados vs. Cables Directos:*
  - o Aunque en el pasado era crucial usar cables cruzados (crossover) para conectar equipos similares y cables directos para conectar dispositivos diferentes, muchos dispositivos modernos, como switches y routers, pueden detectar automáticamente la conexión requerida y adaptarse en consecuencia. Esto ha reducido la necesidad de preocuparse por el tipo de cable en la mayoría de los casos.
- *Planificación y Longitud de los Cables:*
  - o Antes de instalar cables UTP, realice una planificación cuidadosa de la infraestructura de red. Tenga en cuenta la longitud máxima admitida por la categoría de cable seleccionada y evite dobleces excesivos o tensiones en el cable.
- *Pruebas y Certificaciones:*
  - o Para redes comerciales, es importante realizar pruebas de cableado y certificaciones para garantizar que el cableado cumple con los estándares de la categoría seleccionada. Esto ayuda a identificar problemas de manera proactiva y garantiza un rendimiento óptimo de la red.

La elección de la categoría de cable UTP adecuada dependerá de las necesidades específicas de su red, la velocidad requerida y la distancia de transmisión. Una selección cuidadosa garantizará un rendimiento confiable de la red y una comunicación eficiente entre los dispositivos.

»»»

La fibra óptica es una fibra flexible y transparente que está hecha de vidrio muy puro, y no es mucho más grande que un cabello humano. Actúa como una guía de onda o tubo de luz para trasmitir luz entre los dos extremos de la fibra.

La gran ventaja de las fibras ópticas es su **mayor capacidad, velocidad y su mayor distancia de trabajo** que los cables de par trenzado. Además, al trabajar con luz, es inmune a las interferencias electromagnéticas que afectan a los cables de par trenzado, por lo que son muy útiles en instalaciones industriales, aunque no se requiera de una gran longitud de cable.

Las partes de una fibra óptica son: un núcleo de vidrio, que es el responsable de propagar la luz, una funda plástica con un índice de refracción tal que haga que los pulsos de luz reboten al tocarla y vuelvan al núcleo, y la funda exterior que sirve para dar cuerpo al montaje y proteger la fibra ante golpes o pequeños cortes, pero que no tiene ninguna función específica para el funcionamiento en sí.

Una de las principales características de las fibras ópticas es el modo de propagación de esta. Las **fibras monomodo** tienen una estructura tal que solo permite el paso de un único haz de luz que viaja en dirección paralela al eje de la propia fibra. Como el haz de luz no rebota en las paredes de la fibra, no hay casi pérdida de rendimiento y se consiguen grandes velocidades a grandes distancias, si bien son estructuras relativamente débiles y delicadas.

En cambio, las **fibras multimodo** tienen un núcleo mayor, permitiendo la trasferencia de diferentes haces de luz que rebotarán en ángulos distintos y llegarán en tiempos diferentes al otro extremo de la fibra. Esta diferencia en los distintos haces de luz hace que finalmente tenga un rendimiento menor y una distancia máxima de uso inferior, pero, a la vez, facilita su uso con conectores más simples y es más económica de fabricar que las FO monomodo.

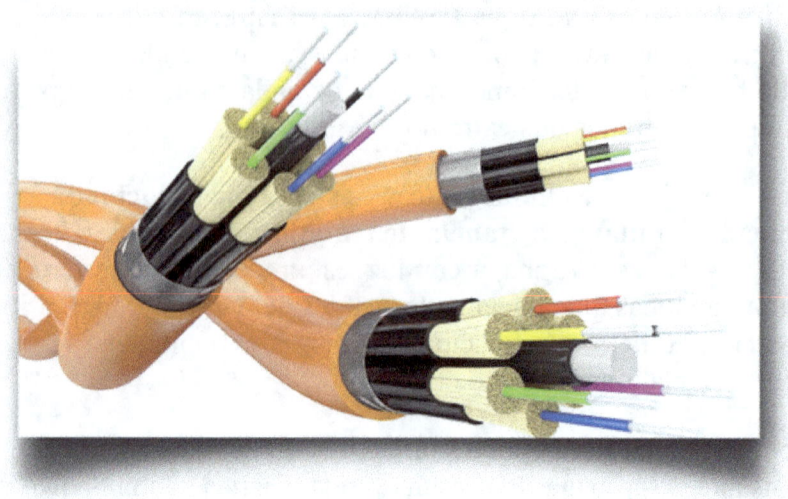

FIBRA ÓPTICA

Aplicación práctica:

La fibra óptica es una tecnología clave en las redes empresariales, y su uso tiene aplicaciones prácticas en diversos entornos. Aquí te presento una aplicación práctica de la fibra óptica en una empresa:

Red de Área Local (LAN) de Alta Velocidad:

En una empresa, la necesidad de una LAN de alta velocidad es fundamental para garantizar una comunicación eficiente entre los dispositivos y servidores. Aquí es donde la fibra óptica brilla:

- **Conexión de Sucursales:** Si una empresa tiene varias sucursales o edificios dispersos en un área geográfica, la fibra óptica se utiliza para interconectar estas ubicaciones de manera rápida y confiable. La alta velocidad y la capacidad de transmitir datos a larga distancia hacen que la fibra óptica sea ideal para estas conexiones.
- **Centro de Datos:** Los centros de datos empresariales requieren una comunicación ultrarrápida y confiable entre servidores y sistemas de almacenamiento. La fibra óptica se utiliza para conectar servidores, dispositivos de

almacenamiento y otros equipos en el centro de datos, lo que permite la transferencia de grandes cantidades de datos en milisegundos.

- *Comunicación de Alta Velocidad:* En entornos donde se requiere una transferencia de datos ultrarrápida, como el procesamiento de transacciones financieras o la edición de video en tiempo real, la fibra óptica proporciona la velocidad necesaria para mantener el flujo de datos sin problemas.
- *Inmunidad a Interferencias Electromagnéticas:* En lugares donde las interferencias electromagnéticas pueden ser un problema, como plantas industriales, la fibra óptica es inmune a tales interferencias y garantiza una comunicación constante.

Videoconferencia y Comunicación de Voz:

- *Videoconferencia de Alta Calidad:* La fibra óptica permite la transmisión de video de alta definición y conferencias web sin interrupciones. Esto es esencial para reuniones y colaboración a distancia en empresas globales.
- *Comunicación de Voz sobre IP (VoIP):* La fibra óptica proporciona la velocidad y la calidad necesarias para las llamadas VoIP empresariales. Las llamadas claras y confiables son fundamentales para la comunicación interna y externa.

Seguridad de la Red:

- *Seguridad de la Red:* La fibra óptica es difícil de interceptar y es más segura que las conexiones de cobre tradicionales. Esto es crítico para proteger datos confidenciales y garantizar la integridad de la red empresarial.

En resumen, la fibra óptica es una tecnología esencial en las comunicaciones empresariales. Su capacidad para proporcionar alta velocidad, larga distancia, inmunidad a interferencias y seguridad la convierte en una opción ideal para empresas que buscan una infraestructura de red confiable y de alto rendimiento.

La Trama ETHERNET

Las tramas ethernet se utilizan para enviar la información recibida de capas superiores a través de la red de área local, así que cuando hablamos de datos enviados, nos referimos a toda la información que ethernet recibe de la capa de internet.

Observemos los 7 campos de una trama ethernet:

- El primer campo es el denominado **preámbulo**. Así, enviamos una secuencia de 7 bytes de ceros y unos alternados de tal forma que los receptores del mensaje puedan sincronizar sus relojes y asegurar al máximo la correcta recepción.
- El octavo bit se definió en el estándar 802.3 como el **delimitador de inicio de trama**, y se diferencia de los preámbulos en que termina con 2 bits 1.
- Tras esos campos de preparación para el envío se envían 12 bytes, donde se indican las **direcciones MAC origen y destino** de la trama. Cada dirección única en la red consiste en 6 bytes.
- El **campo tipo**, de 2 bytes, tiene un doble uso. Si su valor es igual o inferior a 1.500, indica la longitud en bytes del campo siguiente, mientras que, si su valor es superior a 1.536, se trataría de un identificador de tipo mensaje ethernet. Debemos tener en cuenta que, para que la red pueda funcionar, se necesita sincronizar relojes, hacer pruebas de modulación, de codificación... y todas estas tareas de mantenimiento se realizan mediante mensajes especiales en tramas ethernet.
- En el **campo de datos** enviaremos los datos que queremos enviar. Su longitud es variable, con un mínimo de 46 bytes y un máximo de 1.500. Si por lo que fuera se enviasen menos de 46 bytes, se añadiría relleno hasta conseguir este mínimo.
- El **campo FCS** (Frame Check Sequence) incluye un código para determinar si la trama se ha recibido correctamente.

7	1	6	6	2	46-1500	4
Preámbulo	Inicio de Deslimitador De trama	Dirección destino	Dirección origen	Tipo	Datos	FCS

CAMPOS DE LA TRAMA ETHERNET

Las Direcciones MAC

Todos los dispositivos en la misma red deben tener una **dirección MAC única** y esto se debe a que se utiliza la dirección MAC del dispositivo para entregar los datos al destinatario adecuado.

Generalmente, las interfaces de red llevan **grabada en el propio metal su dirección MAC**. Aunque en la mayoría de los sistemas es posible cambiarla, por regla general no se suele tocar y se acepta la que viene del fabricante.

Las direcciones MAC están compuestas por **6 bytes, es decir, 48 bits.** Esto nos permitiría tener más de 281 billones de direcciones diferentes.

Estos 48 bits se dividen por la mitad y se asigna un identificador de **24 bits a los fabricantes**, dejando los otros **24 bits para ser los identificadores de cada una de las tarjetas fabricadas**.

Las direcciones MAC no se representan como una tira de 48 bits de ceros y unos, sino que suelen separarse por bytes y presentar en formato hexadecimal.

La separación entre bytes suele realizarse tanto con guiones como con dos puntos. En hexadecimal tenemos 16 valores posibles, que representan desde el cero hasta el 15. Para escribir estos valores usamos los números del cero al nueve y las letras de la A a la F para representar los valores que van de 10 a 15. En resumen, para trabajar con las direcciones MAC simplemente agrupamos cuatro bits y convertimos su valor a un identificador hexadecimal como, por ejemplo:

73

- E86A.6453.06D2
- E8:6A:64:53:06:D2
- E8-6A-64-53-06-D2

Conmutación de Tramas

Un switch es un dispositivo de capa dos que reenvía el tráfico según la tabla de direcciones MAC.

La **tabla de direcciones MAC**. Contienen una **dirección MAC**, la **interfaz del equipo** por donde la ha aprendido y un valor numérico que representa el **tiempo de vida** de esta asignación. Cuando llega a cero, esa fila se elimina de la tabla, haciendo así que el equipo tenga siempre información actualizada.

La tabla de direcciones se rellena simplemente analizando las tramas ethernet recibidas y apuntando la

asociación de las direcciones MAC origen con la interfaz por la que ha recibido el tráfico.

Ahora que sabemos qué hay en la tabla MAC y cómo se actualiza o elimina la información, veamos cómo la usa un switch.

Supongamos que tenemos un equipo nuevo recién conectado a nuestra red ethernet, aunque el concepto sirve para cualquier red y no se limita únicamente a TCP/IP. En este momento el switch no conoce nada de la red. Cuando recibe el primer mensaje desde un equipo anota la dirección MAC del remitente en su tabla de direccionamiento y la asocia a la interfaz física por la que ha recibido el tráfico.

Cuando revisa la dirección MAC destino comprueba que no la tiene en su tabla, así que envía ese paquete de información por todas sus interfaces de red. Hasta este momento está trabajando como un concentrador o hub, pero esto es solo el proceso inicial durante el que va aprendiendo información de la red.

Al cabo de un tiempo, cuando el receptor del mensaje anterior decide responder, el nuevo tráfico llegará a una boca de nuestro switch, el conmutador apuntará la nueva MAC de origen en su tabla de direcciones y comprobará la dirección MAC destino. Esta vez sí que tiene esa MAC registrada, por lo que enviará el tráfico únicamente por esa interfaz.

Aquí vemos que ya no inunda toda la red con la información, sino que la envía específicamente por aquellas interfaces interesadas.

Con el paso del tiempo, el switch va aprendiendo nuevas asignaciones de direcciones MAC e interfaces físicas, consiguiendo así una red cada vez más eficiente en el envío de datos. Con este tráfico conmutado, conseguimos una mayor eficiencia en la red y mejoramos la privacidad de las comunicaciones, ya que, salvo en los momentos iniciales que no tengamos esa información en la tabla de direcciones MAC, no se reenvía el tráfico a equipos que no estén interesados en la comunicación.

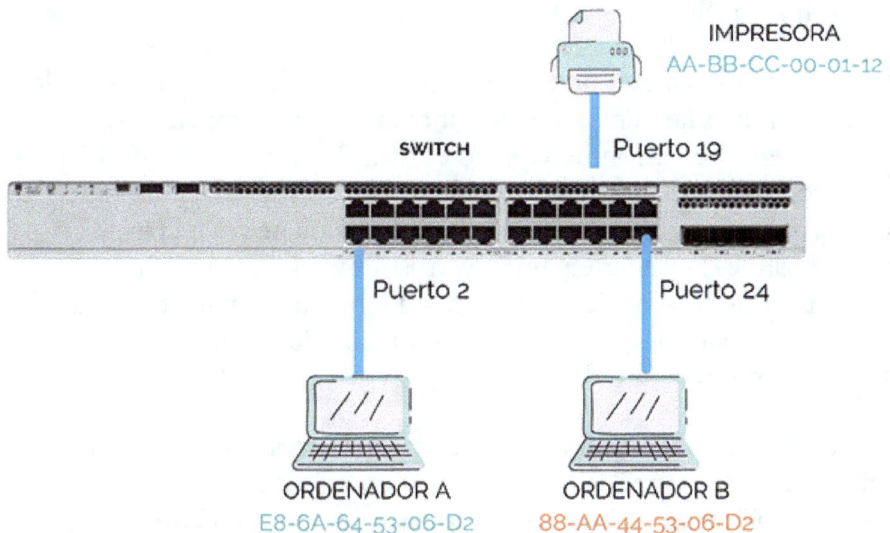

Dirección MAC	Interfaz	Tiempo de vida
E8-6A-64-53-06-D2	2	25
88-AA-44-53-06-D2	24	28

Comunicación DÚPLEX

El término de comunicación dúplex se refiere a la capacidad de un canal concreto en transportar señales en ambos sentidos.

Las redes ethernet tienen dos configuraciones posibles: **half duplex y full dúplex**.

La comunicación half dúplex implica que los datos solo pueden ir en un sentido a la vez, es decir, podemos enviar o recibir datos, pero no hacer ambas cosas simultáneamente. Probablemente el ejemplo perfecto sean las comunicaciones por walkie-talkie.

Solo uno de los dos podía hablar en un momento dado, así que debíamos dejar terminar al otro para empezar a hablar nosotros. Si extrapolamos este comportamiento a una red con decenas o centenas de equipos, nos encontramos claramente con un problema de rendimiento debido al tiempo que deben esperar los equipos antes de poder transmitir.

Otro problema de este tipo de trasmisiones son las colisiones. Si los equipos transmiten en el mismo momento, la información enviada simplemente se corrompe y ya no es útil. Para evitar este problema, ethernet utiliza el sistema CSMA/CD, que permite detectar otras trasmisiones y evitar así las colisiones, o al menos detectarlas lo antes posible. Por suerte para nosotros, hoy en día ya es difícil encontrarnos con canales que no permitan una comunicación full dúplex, es decir, que permitan la trasmisión de datos en ambos sentidos de forma simultánea.

Las comunicaciones full dúplex serían similares a una llamada telefónica donde ambos interlocutores pueden hablar a la vez. Debemos tener en cuenta que para tener equipos con comunicación full dúplex los equipos en ambos extremos deben permitir este tipo de conexión. Obviamente, nos interesa que todos nuestros equipos de red trabajen con full dúplex para evitar la aparición de colisiones.

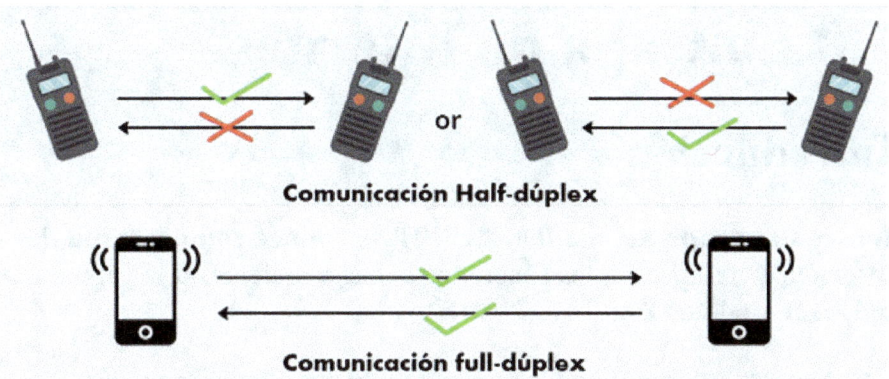

Comunicación Half-dúplex

Comunicación full-dúplex

7.0 La Capa de Internet

Introducción

La segunda capa del modelo TCP/IP se conoce como la capa de internet, y desempeña las funciones correspondientes a la capa de red en el modelo OSI.

Esta capa de internet tiene la capacidad de proporcionarnos una **conectividad global y nos permite acceder a recursos que se encuentran fuera de nuestro entorno cercano**, ampliando así el alcance de la capa inferior.

El término "internet" deriva de la habilidad de esta capa para comunicarse a través de diferentes redes, incluso aquellas que están ubicadas a larga distancia. Al igual que la capa de red en el modelo OSI, la capa de internet ofrece métodos, protocolos y especificaciones para el envío de paquetes de información desde un host a otro, incluso a través de puntos intermedios si es necesario. El protocolo más conocido de esta capa es el Protocolo de Internet (IP).

Además de estas funciones fundamentales, en esta capa también se incorporan sistemas de detección de errores y se monitorea el estado de la red, incluyendo la congestión y los cambios en las rutas de enrutamiento.

Para garantizar la seguridad de las comunicaciones en esta capa, se ha diseñado el protocolo IPsec, que permite el envío de información cifrada.

A diferencia del modelo OSI, en la capa de internet no se establecen mecanismos para el mantenimiento de enlaces entre nodos, ya que esta funcionalidad se reserva para la capa inferior encargada del acceso a las redes.

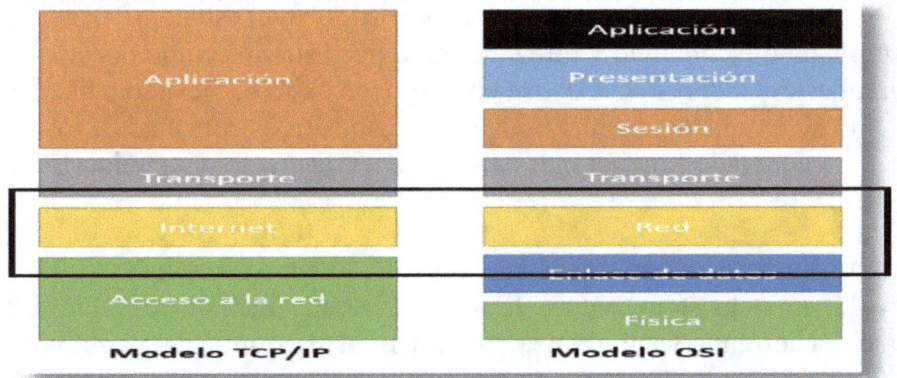

El Protocolo IP

El Protocolo de Internet (IP), conocido como Internet Protocol, asigna identificadores únicos a los dispositivos conectados.

Este sistema de direccionamiento se divide en dos componentes: la **identificación de la red**, que comprende los primeros bits de la dirección, y el **identificador del dispositivo** dentro de esa red, que se encuentra en los últimos bits de la dirección.

El protocolo IP administra la fragmentación de la información que se envía a través de distintos canales de comunicación. De esta manera, divide la información en bloques de la mayor capacidad posible para cada canal.

Este sistema permite adaptar cada envío a las capacidades individuales de los canales, los cuales pueden tener diferentes tasas de transferencia.

Además, incorpora un campo específico para detectar errores en la transmisión de información. De este modo, el protocolo IP verifica la integridad de la información antes de entregarla a capas superiores.

Es importante destacar que el protocolo IP no garantiza la recepción de la información, pero sí asegura su integridad antes de entregarla a capas superiores.

IPv4 ha sido tan exitoso que se ha convertido en el estándar ampliamente conocido y utilizado tanto por usuarios como por grandes operadores de red. Sin embargo, su éxito ha llevado a un aumento exponencial en el número de dispositivos conectados, lo que ha generado limitaciones en el sistema de direccionamiento IP actual.

Para abordar este desafío, se ha desarrollado IPv6 como una evolución del sistema actual. IPv6 tiene la capacidad de conectar de manera continua y simultánea un número astronómico de dispositivos en todo el mundo, incluso en cantidades que se expresan en sextillones.

Ejemplos de direcciones IP en formato IPv4 y IPv6:

Dirección IPv4:

- 192.168.1.1
- 203.0.113.42
- 10.0.0.1
- 172.16.0.100

Dirección IPv6:

- 2001:0db8:85a3:0000:0000:8a2e:0370:7334
- fd00:21b:4a3:cafe::1
- 2606:2800:220:1:248:1893:25c8:1946
- 2a01:198:603:0:12a0:47ff:fea3:3f8

Las direcciones IPv4 constan de cuatro números decimales separados por puntos, mientras que las **direcciones IPv6 son mucho más largas y utilizan una notación hexadecimal con grupos separados por dos puntos dobles "::"** para abreviar cuando sea posible. Estos ejemplos representan direcciones IP válidas, pero son ficticias y se utilizan solo con fines ilustrativos.

Direccionmaiento IP

El direccionamiento IP constituye el sistema fundamental de **asignación de identificadores únicos a los dispositivos dentro de una red que utiliza el protocolo IP.**

Un aspecto crucial de este sistema es que la propia estructura de la dirección IP de un dispositivo específico proporciona información sobre la red a la que pertenece.

Para profundizar en este concepto, es importante destacar que el Protocolo de Internet (IP) se ha establecido como el estándar predominante para las comunicaciones a larga distancia y satisface una amplia variedad de necesidades, relegando a otros protocolos de la misma capa a aplicaciones altamente especializadas.

El direccionamiento IP permite la identificación única de todos los dispositivos conectados a una red pública. Para asignar una dirección IP a cada dispositivo, se emplea un **identificador único de 32 bits**, lo que brinda un total de 4.294.967.296 posibles combinaciones.

Aunque las máquinas manejan eficientemente datos binarios, es un hecho que los humanos no tienen la misma facilidad con estos datos en formato de 32 bits. Por lo tanto, desde temprano en su desarrollo, estos 32 bits se dividieron en cuatro grupos de 8 bits, conocidos como octetos, que luego se convierten en números decimales, mucho más fáciles de recordar.

Un ejemplo concreto ilustra este proceso: tomemos una serie de 32 dígitos binarios que, mediante puntos, dividimos en cuatro octetos y luego convertimos en valores decimales más manejables:

Ejemplo:

- 11000000.10101000.00000001.00000001 se convierte en 192.168.1.1

Esta dirección IP en particular identifica de manera exclusiva a un dispositivo conectado a la red global de Internet, siendo accesible desde cualquier parte del mundo a través de otros sistemas.

Los protocolos de enrutamiento se encargan de guiar la información desde y hacia este servicio.

Además, dentro de la propia dirección IP, existen dos segmentos que permiten la jerarquización y la identificación de la red local en la que se encuentra el dispositivo.

Dirección IP = Máscara de red + Identificador de dispositivo

Los primeros bits de la dirección IP corresponden a la **dirección de la red local** en la que se encuentra el dispositivo, mientras que los bits finales constituyen el **identificador único del dispositivo dentro de esa red**.

El concepto de máscara de red se emplea para determinar cuántos bits indican la red y cuáles identifican al dispositivo en esa red. La máscara de red se obtiene configurando unos (1) en los bits de la dirección que corresponden a la red y ceros (0) en aquellos que indican el dispositivo.

Por ejemplo, si definimos que los primeros ocho bits de una dirección IP representan la máscara de red, se expresaría como "8 unos y 24 ceros", lo que se traduciría en 255.0.0.0 como

- Máscara de subred de 8 bits: 11111111.00000000.00000000.00000000.

Sistemas Binario y Decimal

Las máquinas solo entienden un sistema binario formado por ceros y unos. Únicamente con estos dos signos hemos conseguido que los ordenadores puedan comunicarse entre sí y almacenar casi cualquier tipo de información.

El sistema de numeración decimal que usamos hoy en día para las operaciones matemáticas utiliza **10 símbolos (0,1,2,3,4,5,6,7,8,9)**, de ahí su nombre.

A diferencia de los humanos, los ordenadores solo pueden trabajar con el sistema binario. Esto hace que, por ejemplo, no puedan acudir a un alfabeto para guardar información textual, sino que cualquier tipo de información debe ser almacenada y tratada en formato binario.

Por ejemplo, si queremos almacenar un texto, hemos desarrollado diferentes sistemas de codificación que permiten la conversión de las letras de los alfabetos, los caracteres de puntuación y algún otro más especial en un formato binario. Asignando un conjunto único y específico de bits a cada símbolo del alfabeto podemos convertir información textual en binaria.

Probablemente los códigos de conversión textual a binaria más famosos sean ASCII, UTF-8 o UTF-16. En cambio, para la representación de valores numéricos no se suele utilizar ninguna tabla de conversión, sino que simplemente se guarda su valor representado en sistema binario.

Cada posición representa su valor como potencia de dos. Como podemos ver, las potencias binarias tienen estos valores. 2 elevado a 0 sería 1; 2 elevado a 1 serían 2; 2 al cuadrado, 4; 2 al cubo, 8 y así hasta la 2 elevado a 7, que da 128.

Posición	7	6	5	4	3	2	1	0
Valor	128	64	32	16	8	4	2	1

Así, el valor 101 en binario representa el valor 5 en decimal. Mientras que para el valor 78 decimal usaríamos 1001110.

Posición	7	6	5	4	3	2	1	0	
Valor	128	64	32	16	8	4	2	1	
	0	1	0	0	1	1	1	0	---> 78

Conversión entre Binario y Decimal

Las direcciones IP están compuestas por 32 bits, que por facilidad, se suelen separar en **cuatro octetos**. Cada octeto está compuesto por **8 bits**, que pueden tener un **valor de 0 o 1**.

Los cuatro grupos de 8 bits tienen el mismo conjunto de valores válidos, que va de **0 a 255**.

El valor de cada ubicación de los bits de derecha izquierda es 1, 2, 4, 8, 16, 32, 64 y 128.

Posición	7	6	5	4	3	2	1	0
Valor	128	64	32	16	8	4	2	1

Para calcular el valor decimal de cada octeto, tan solo debemos **sumar los valores de las posiciones donde haya un 1 binario**.

Si en esa posición hay un 0, no se suma. Si los 8 bits son 0, 00000000, el valor del octeto es 0; si los 8 bits son 1, 11111111, el valor del octeto es 255, que se obtiene de sumar $128 + 64 + 32 + 16 + 8 + 4 + 2 + 1$.

Si los 8 bits están combinados, los valores se agregan juntos. Por ejemplo, el octeto 11000000 tiene un valor de 192, que se obtiene de $128 + 64$.

Con el octeto 10101000 obtendremos 168, $128 + 32 + 8$. Recordemos que el valor de cada uno de los 4 octetos puede ir de 0 a un máximo de 255.

	7	6	5	4	3	2	1	0
192	1	1	0	0	0	0	0	0
168	1	0	1	0	1	0	0	0

Conversión entre Binario y Decimal

Veamos cómo realizar el cálculo para convertir una dirección IP binaria en un valor decimal que sea más fácil de manejar.

Lo primero que haremos será dividir los 32 bits en cuatro octetos y separarlos por puntos, para luego convertir a decimal cada octeto de forma independiente.

11000000101010000000000100000001 =
11000000.10101000.00000001.00000001

11000000 = 192.10101000 = 168.00000001 = 1.00000001 = 1

Así que el resultado es la dirección IP 192.168.1.1

Clases de Direcciones IP

El RFC 1700, una referencia fundamental en la historia del direccionamiento IP, estableció una **clasificación de direcciones IP en clases A, B, C, D y E**, asignando a cada una de ellas un propósito específico.

Las direcciones de clase A y B son unicast, lo que significa que estaban destinadas a **identificar dispositivos individuales en una red**. La particularidad de estas clases residía en que definen redes de tamaños fijos y bloques de direcciones específicos para cada una. En otras palabras, una empresa u organización que necesitaba direcciones IP recibía un bloque completo de direcciones de clase A, B o C según sus necesidades. Este enfoque se conoce como "direccionamiento con clase".

Para abordar las necesidades de **redes extremadamente grandes**, se diseñaron las **direcciones de clase A**, que se identificaban mediante el **prefijo /8**. En este esquema, el primer octeto de la dirección IP indicaba la red, mientras que los tres octetos restantes se destinaban a las direcciones de los hosts.

Sin embargo, había una restricción importante: **el bit más significativo del primer octeto debía ser siempre 0**. Esto significaba que solo había 128 redes de clase A posibles, **desde 0.0.0.0/8 hasta 127.0.0.0/8**. A pesar de que las direcciones de clase A ocupaban la mitad del espacio de direcciones disponible, el límite de 128 redes significaba que solo alrededor de 120 compañías u organizaciones podían recibir asignaciones de direcciones de clase A.

A medida que Internet creció y más compañías se conectaron, quedó claro que este enfoque tenía limitaciones significativas y no escalaba bien para satisfacer la creciente demanda de direcciones IP. Esto llevó a la evolución del direccionamiento IP, incluyendo la introducción de la CIDR (Clasificación de Rutas IP sin Clase) y la asignación de bloques de direcciones más pequeños, lo que permitió un uso más eficiente del espacio de direcciones y una mejor adaptación a las necesidades de una Internet en constante expansión.

Clase de dirección	Rango del primer octeto	Bits del primer octeto	Máscara de red predeterminada	Número de redes y hosts
A	1-127	00000000-01111111	255.0.0.0	128 redes de 16.777.214 hosts

El espacio de **direcciones de clase B** desempeñó un papel fundamental en la evolución de la arquitectura de direcciones IP, ya que estaba diseñado para satisfacer las demandas de redes que ocupaban un **espacio intermedio en términos de tamaño**. Con una capacidad para hasta **65,000 hosts por red**, las direcciones de clase B se volvieron ideales para organizaciones, empresas e instituciones que requerían **redes de un tamaño considerable, pero que no alcanzaban las dimensiones de las redes de clase A**.

El formato de dirección de clase B se caracterizaba por asignar los **dos primeros octetos para identificar la red**, lo que proporcionaba un nivel adecuado de flexibilidad. **Los dos octetos restantes se dedicaban a definir las direcciones de host,** lo que permitía alojar una cantidad significativa de dispositivos en una red determinada.

Para garantizar la coexistencia con otras clases de direcciones, como la clase A, se estableció una convención específica para las direcciones de clase B: **los dos bits más significativos del primer octeto debían ser '10'**. Esto limitaba el rango de direcciones de clase B desde **128.0.0.0/16 hasta 191.255.0.0/16**.

En términos de asignación de direcciones, la clase B demostró ser más eficiente que la clase A. Esto significaba que se podían crear aproximadamente 16,000 redes operativas, lo que permitía una administración más granular de las direcciones IP. Esta eficiencia contribuyó a la adaptación continua de la dirección IP a medida que Internet crecía y se diversificaba, satisfaciendo las necesidades de redes de tamaño moderado a grande en un mundo cada vez más conectado.

Clase de dirección	Rango del primer octeto	Bits del primer octeto	Máscara de red predeterminada	Número de redes y hosts
B	128-191	10000000-10111111	255.255.0.0	16.384 redes de 65.534 hosts

El espacio de **direcciones de clase C** se diseñó con la finalidad de asignar direcciones a **redes pequeñas que requerían un máximo de 254 hosts**. Estas redes eran ideales para organizaciones o entornos donde la demanda de direcciones IP era relativamente limitada.

Las direcciones de clase C se caracterizaban por utilizar un **prefijo /24**, lo que significaba que únicamente el **último octeto se destinaba a las direcciones de host**, mientras que los tres octetos de mayor orden se empleaban para especificar la dirección de red. Esta configuración permitía un alto nivel de granularidad en la administración de direcciones IP, lo que era especialmente útil para redes de tamaño reducido.

Para garantizar la coexistencia con otras clases de direcciones IP, como las clases A y B, las direcciones de clase C seguían una convención específica: **los tres bits más significativos siempre se establecían en '110'**. Esto restringía el bloque de direcciones de clase C a un rango que iba desde **192.0.0.0/24 hasta 223.255.255.0/24**.

A pesar de representar solo el 12.5 % del espacio total de direccionamiento IP, las direcciones de clase C tenían una capacidad notable para acomodar hasta **2 millones de redes individuales**. Este enfoque, sin embargo, no se adaptaba a todas las necesidades de las organizaciones, lo que llevó a una asignación con clase de espacio de direcciones que a menudo resultaba en la subutilización de direcciones y agotaba rápidamente la disponibilidad de direcciones IPv4. Esta limitación se convirtió en un desafío importante a medida que Internet crecía y la demanda de direcciones IP aumentaba significativamente.

Clase de dirección	Rango del primer octeto	Bits del primer octeto	Máscara de red predeterminada	Número de redes y hosts
C	192-223	11000000-110111111	255.255.255.0	2.097.150 redes de 254 hosts

Direcciones IPv4 Públicas y Privadas

El direccionamiento IP se divide en dos categorías fundamentales: **IPv4 público y IPv4 privado**. Estas divisiones son cruciales para la gestión y el enrutamiento eficiente de las comunicaciones en redes.

El direccionamiento IP público se refiere a aquel que **puede ser enrutado a través de Internet** y, por ende, es visible para cualquier dispositivo que utilice el protocolo IP en la web global. Estas direcciones **públicas son únicas** y se asignan de manera centralizada para evitar conflictos en la red global.

Por el contrario, el **direccionamiento IP privado** está destinado a **redes internas y no es enrutado a través de Internet**. En otras palabras, las direcciones IP privadas solo son relevantes y utilizables dentro de una red privada específica y no deben ser accesibles desde fuera de esa red, al menos no de manera directa.

Cuando se introdujo el protocolo IP, se establecieron ciertos rangos de direcciones destinados a redes privadas. Los administradores de estas redes tienen libertad total para asignar direcciones dentro de estos rangos, siempre y cuando el tráfico de datos permanezca dentro de su propia red y no se enrute junto con las direcciones IP públicas en Internet.

Estos rangos de direcciones IP privadas incluyen tres categorías principales:

- **Clase A - Rango 10.0.0.0/8:** Este amplio rango permite la creación de redes privadas con más de 16 millones de hosts. Ofrece una gran flexibilidad para administrar redes internas de gran tamaño.
- **Clase B - Rango 172.16.0.0/12:** Esta categoría, que incluye subnetting, permite la configuración de redes con más de 1 millón de dispositivos. Es una excelente opción para organizaciones que requieren una red interna extensa.
- **Clase C - Rango 192.168.0.0/16:** Este rango es adecuado para redes más pequeñas, con capacidad para hasta 65,534 hosts. Es una elección común para redes locales de oficinas y empresas.

El uso de estos rangos de direcciones IP privadas está reservado para redes internas que no necesitan conectividad directa a Internet. Esto proporciona a los administradores un alto grado de control sobre cómo se gestionan sus redes internas y asegura que no sean accesibles desde Internet, a menos que se tomen medidas específicas para habilitar dicho acceso.

En resumen, los rangos de direcciones IP privadas son esenciales para la segmentación y la gestión eficiente de las redes internas, brindando a los administradores la flexibilidad necesaria para configurar sus sistemas de comunicación interna de manera segura y controlada.

Direccioenes IPv4 Reservadas

Además de los dos tipos de rangos de direcciones IP más conocidos, las direcciones públicas y privadas, existe una tercera variante igualmente importante: los **bloques de direcciones IPv4 reservadas**. Estas redes han ido surgiendo a lo largo de los años en respuesta a diversas necesidades identificadas en la evolución de la comunicación en Internet.

Mientras que las direcciones IP públicas permiten la conectividad global y las direcciones privadas se limitan al ámbito interno de una red, los bloques de direcciones IP reservadas ocupan una posición intermedia en este espectro.

Uno de los bloques de direcciones IPv4 reservadas más conocidos es el denominado **"localhost", que incluye la red 127.0.0.0/8**. La idea detrás de este rango es permitir que las aplicaciones en una misma computadora se comuniquen entre sí utilizando direcciones IP de este rango a través de la pila TCP/IP. Aunque hoy en día los sistemas operativos ofrecen métodos más eficientes para la comunicación entre aplicaciones en una misma máquina, es común encontrar la dirección IP 127.0.0.1 en la configuración de la mayoría de las computadoras.

En 1993, con la publicación del protocolo DHCP, se reservó el rango de red **169.254.0.0/16 para equipos que no cuentan con una configuración IP** y, por lo tanto, no pueden conectarse a un servidor DHCP. Este rango se diseñó para proporcionar conectividad básica en una red local en caso de un fallo del servidor DHCP.

En el proceso de diseño del protocolo IP, **se reservó el rango de red 192.0.2.0/24 con el propósito de servir como ejemplo en manuales y documentación** técnica. Esta reserva garantiza que, si alguien copia directamente las configuraciones de ejemplo de los manuales, no se generen conflictos en la red.

Por otro lado, un ejemplo de uso específico es el rango de red **100.64.0.0/16, que se reservó en 2012 para ser utilizado en las redes de gestión de operadoras de telecomunicaciones**. Este rango se emplea para identificar de manera única a los routers y nodos dentro de las grandes redes de operadoras, simplificando la gestión en entornos con una gran cantidad de clientes y redes diversas.

Estos bloques de direcciones IPv4 reservadas, que abarcan desde redes privadas hasta redes específicas para usos concretos, desempeñan un papel esencial en la organización y funcionalidad de Internet, garantizando una asignación eficiente de direcciones y la resolución de problemas en la comunicación a nivel global.

Bloques de IPv4 especiales (Redes privadas + Redes reservadas)

Bloque de direcciones	Rango	Número de direcciones	Alcance	Descripción
0.0.0.0/8	0.0.0.0–0.255.255.255	16.777.216	Software	Red actual (solo válido como dirección de origen).
10.0.0.0/8	10.0.0.0–10.255.255.255	16.777.216	Red privada	Utilizado para las comunicaciones locales dentro de una red privada.
100.64.0.0/10	100.64.0.0–100.127.255.255	4.194.304	Red privada	Espacio de direcciones compartido para las comunicaciones entre un proveedor de servicios y sus suscriptores cuando se utiliza un NAT de nivel de operador.
127.0.0.0/8	127.0.0.0–127.255.255.255	16.777.216	Host	Se utiliza para las direcciones de loopback.
169.254.0.0/16	169.254.0.0–169.254.255.255	65.536	Subred	Se utiliza para las direcciones de enlace local entre dos hosts en un solo enlace cuando de otra manera no se especifica una dirección IP, como normalmente se habría recuperado de un servidor DHCP.
172.16.0.0/12	172.16.0.0–172.31.255.255	1.048.576	Red privada	Utilizado para las comunicaciones locales dentro de una red privada.
192.0.0.0/24	192.0.0.0–192.0.0.255	256	Red privada	IETF Protocol Assignments.
192.0.2.0/24	192.0.2.0–192.0.2.255	256	Documentación	Asignada como TEST-NET-1, para documentación y ejemplos.
192.88.99.0/24	192.88.99.0–192.88.99.255	256	Internet	Reservada. Previamente usado para relay IPv6 a IPv4 (incluido el bloque de direcciones IPv6 2002::/16).
192.168.0.0/16	192.168.0.0–192.168.255.255	65.536	Red privada	Utilizado para las comunicaciones locales dentro de una red privada.
198.18.0.0/15	198.18.0.0–198.19.255.255	131.072	Red privada	Se utiliza para pruebas de referencia de comunicaciones entre dos subredes separadas.
198.51.100.0/24	198.51.100.0–198.51.100.255	256	Documentación	Asignado como TEST-NET-2, para documentación y ejemplos.
203.0.113.0/24	203.0.113.0–203.0.113.255	256	Documentación	Asignado como TEST-NET-3, para documentación y ejemplos.
224.0.0.0/4	224.0.0.0–239.255.255.255	268.435.456	Internet	Usado para Multicast IP. (previamente una red clase D) (Experimental)
240.0.0.0/4	240.0.0.0–255.255.255.254	268.435.456	Internet	Reservada para usos futuros. (anteriormente una red clase E). (Experimental)
255.255.255.255/32	255.255.255.255	1	Subred	Reservada para destinos multidifusión.

8.0 La Capa de Transporte

Introducción

La capa de transporte en el modelo TCP/IP tiene una correspondencia cercana con su homóloga en el modelo OSI. En esta capa, se encuentran servicios de comunicación listos para ser utilizados por las capas superiores del protocolo.

La principal función de la capa de transporte es **establecer y gestionar sesiones temporales de comunicación entre dos aplicaciones en hosts diferentes**, así como garantizar la transmisión eficiente de datos entre ellas. Lo que la hace particularmente poderosa es su independencia con respecto al tipo de host, medio de transmisión, ruta de los datos, congestión de enlaces o tamaño de la red.

Esta capa desempeña un papel crucial al proporcionar un método para enviar datos a través de la red de manera que puedan ser reconstruidos correctamente en el extremo receptor. Facilita la segmentación de datos y ofrece el control necesario para reagrupar estos segmentos en flujos de datos coherentes para las aplicaciones.

En el modelo TCP/IP, la capa de transporte ofrece dos protocolos diferentes para realizar estos procesos de segmentación y reagrupación: el **Protocolo de Control de Transmisión (TCP)** y el **Protocolo de Datagramas de Usuario (UDP)**.

Las principales responsabilidades de los protocolos de la capa de transporte incluyen:

- **Establecimiento de sesiones de comunicación individuales entre aplicaciones en hosts de origen y destino**. Esto permite que múltiples aplicaciones en los mismos hosts se comuniquen de manera simultánea a través de la red.

- **División de los datos en segmentos para una administración más eficiente**. Esto es especialmente útil para la transmisión de grandes cantidades de datos.
- **Reunificación de los datos segmentados en flujos de datos de aplicación en el host de destino**. Garantiza que los datos se entreguen de manera ordenada y se puedan reconstruir correctamente.
- **Identificación de la aplicación correspondiente para cada flujo de comunicación**. Esto permite que los datos se entreguen a la aplicación correcta en el host de destino, incluso cuando múltiples aplicaciones están en funcionamiento en el mismo host.

En resumen, la capa de transporte en el modelo TCP/IP desempeña un papel esencial al proporcionar una comunicación eficiente y confiable entre aplicaciones en hosts distintos, independientemente de las complejidades de la red y del tipo de datos que se están transmitiendo.

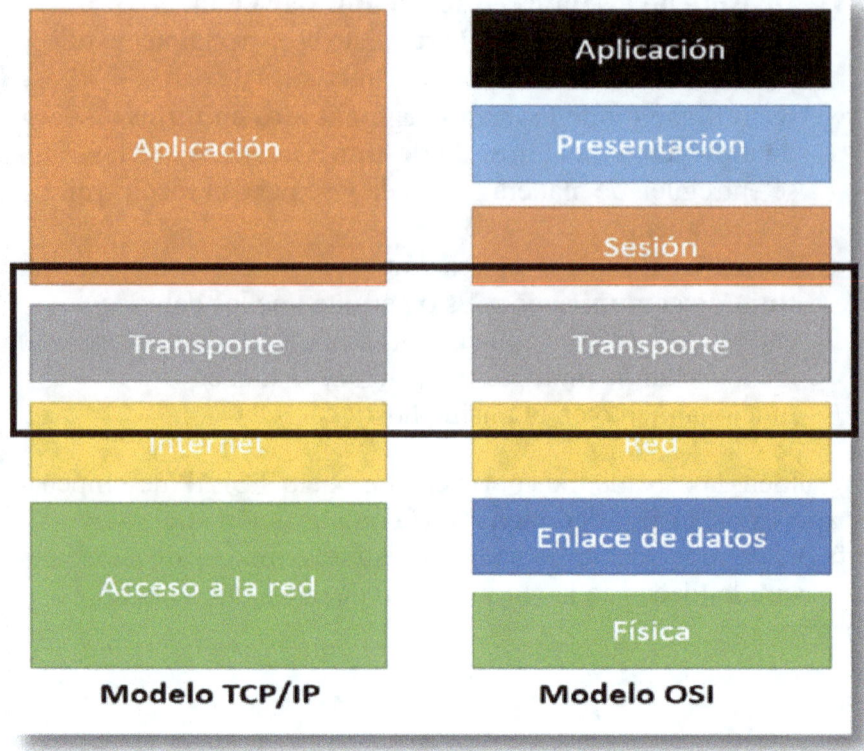

Modelo TCP/IP   **Modelo OSI**

Funciones de la Capa de Transporte

En la capa de transporte del modelo TCP/IP, cada conjunto de datos que fluye entre una aplicación de origen y una aplicación de destino se conoce como una **"conversación"**. Esta capa desempeña un papel fundamental en la comunicación en red, ya que permite que **múltiples aplicaciones en un host se comuniquen simultáneamente con una o más aplicaciones en hosts remotos**.

Vamos a profundizar en las funciones clave de la capa de transporte en el modelo TCP/IP:

- **Gestión de Conversaciones Individuales:** Una de las funciones principales de la capa de transporte es mantener y hacer un seguimiento de todas las conversaciones simultáneas que ocurren entre aplicaciones. Cada conversación es única y se identifica mediante un conjunto de parámetros que incluyen las direcciones IP de origen y destino, así como los números de puerto. Esto asegura que los datos lleguen a la aplicación correcta en el host de destino.

- **Segmentación y Reconstrucción de Datos:** La capa de transporte se encarga de dividir los datos en segmentos más pequeños, si es necesario, para que puedan ser transmitidos eficientemente a través de la red. Dado que la mayoría de las redes tienen un límite en la cantidad de datos que pueden incluir en un solo paquete, la segmentación permite que los datos se repartan en múltiples paquetes. En el extremo receptor, la capa de transporte se encarga de reconstruir estos segmentos en la secuencia correcta.

- **Asignación de Puertos:** Para garantizar que los datos lleguen a la aplicación adecuada en el host de destino, la capa de transporte utiliza un identificador llamado "número de puerto". Cada aplicación o servicio en un host recibe un número de puerto exclusivo. De esta manera, la capa de transporte puede identificar qué aplicación ha generado el flujo de información y dirigir los datos a la aplicación correcta.

- **Multiplexación de Transmisiones:** La gestión de múltiples flujos de datos puede llevar a situaciones en las que la capacidad de envío de la red se ve superada. En tales casos, la capa de transporte se encarga de la "multiplexación" de las transmisiones. Este proceso asegura que todos los flujos de información puedan ser enviados sin que uno de ellos bloquee a los demás, optimizando así la utilización de los recursos de red disponibles.

Fiabiliad o Best Effort

La capa de transporte desempeña un papel esencial en la administración de los requisitos de **confiabilidad en las conversaciones de red**. Diferentes aplicaciones tienen necesidades diversas en cuanto a confiabilidad, por lo que esta capa debe ofrecer opciones adaptadas a estos requisitos variados.

Es importante destacar que el protocolo IP se encarga principalmente de aspectos como la estructura, el direccionamiento y el enrutamiento de paquetes, pero no prescribe cómo se debe llevar a cabo la entrega o el transporte efectivo de estos paquetes. La tarea de determinar la forma en que los mensajes se transmiten entre los hosts recae en los protocolos de la capa de transporte.

En el marco del modelo TCP/IP, se proporcionan dos protocolos distintos en la capa de transporte:

- **Protocolo de Control de Transmisión (TCP):** Este protocolo se considera altamente confiable y garantiza que todos los datos lleguen a su destino de manera íntegra y en el orden correcto. TCP establece una comunicación orientada a la conexión y emplea mecanismos como la confirmación de recepción y la retransmisión para asegurarse de que los datos se entreguen de manera fiable.
- **Protocolo de Datagramas de Usuario (UDP):** En contraste, UDP es un protocolo de capa de transporte extremadamente simple que no ofrece garantías de confiabilidad. No establece una conexión antes de enviar datos y no realiza seguimiento de la confirmación de recepción ni retransmite datos perdidos. La simplicidad de UDP se traduce en una mayor velocidad de transmisión, ya que se evita la sobrecarga de datos de protocolo y los posibles retrasos asociados con la gestión de la confiabilidad.

Características de TCP

TCP, o Protocolo de Control de Transmisión, es ampliamente reconocido como un **protocolo de transporte confiable** que incorpora una serie de características esenciales para garantizar la entrega de datos en entornos de red. Estas características fundamentales se describen a continuación:

- **Orientación a la Conexión:** TCP es un protocolo orientado a la conexión, lo que significa que antes de transmitir datos, se establece una conexión o sesión permanente entre los dispositivos de origen y destino. Este proceso de establecimiento de sesión permite a los dispositivos negociar la cantidad de tráfico que pueden manejar y la forma en que administrarán los datos. La sesión persiste hasta que se completa toda la comunicación, asegurando una comunicación eficiente y controlada.

- **Entrega Confiable de Datos:** Una de las características distintivas de TCP es su capacidad para garantizar la entrega confiable de datos. En el contexto de las redes, la confiabilidad se traduce en asegurarse de que cada fragmento de datos enviado llegue a su destino. TCP implementa mecanismos que permiten al dispositivo de origen retransmitir los datos perdidos o dañados para asegurar que todas las partes lleguen correctamente al destino. Esto es especialmente importante en redes propensas a errores o pérdida de datos.

- **Secuenciación y Numeración de Segmentos:** Debido a que las redes pueden proporcionar múltiples rutas con diferentes velocidades de transmisión, los datos pueden llegar en el orden incorrecto. TCP aborda este problema mediante la numeración y secuenciación de los segmentos de datos. Cada segmento se etiqueta con un número de secuencia, lo que permite que TCP los reorganice en el orden correcto en el extremo receptor, garantizando así la integridad de los datos.

- **Control de Flujo:** TCP es consciente de los recursos limitados disponibles en los hosts de la red, como la memoria y el ancho de banda. Cuando detecta una posible sobrecarga de estos recursos, puede enviar señales al dispositivo emisor para reducir la velocidad del flujo de datos. Este control de flujo contribuye a evitar la congestión de la red y minimiza la necesidad de retransmisiones, mejorando la eficiencia de la comunicación.

En resumen, TCP se destaca como un protocolo de transporte confiable en las redes al establecer conexiones controladas, garantizar la entrega confiable de datos, mantener la secuencia adecuada y controlar el flujo de información. Estas características son esenciales para mantener la integridad y el rendimiento de las comunicaciones en entornos de red diversos y cambiantes.

Características de UDP

UDP, o Protocolo de Datagramas de Usuario, se distingue como un **protocolo de transporte que opera bajo el principio de "máximo esfuerzo"**. A diferencia de TCP, UDP es una opción más liviana en la capa de transporte, proporcionando servicios esenciales sin la carga de confiabilidad y control de flujo que caracterizan a su contraparte.

Aquí, profundizaremos en las características clave de UDP:

- **Sin Establecimiento de Conexión:** A diferencia de TCP, UDP no inicia una conexión previa entre los hosts antes de enviar o recibir datos. Funciona de manera inmediata y directa, simplemente transmitiendo los datos sin establecer una sesión de comunicación previa.
- **Falta de Confiabilidad:** Uno de los rasgos distintivos de UDP es su falta de servicios para garantizar la entrega confiable de datos. Esto significa que no existen mecanismos para confirmar la recepción de datos ni para solicitar retransmisiones en caso de pérdida. Los datos pueden perderse en el proceso de transmisión sin que UDP realice intentos automáticos de recuperación.
- **No Secuencia de Datos:** A diferencia de TCP, UDP no numera ni secuencia los segmentos de datos que envía. Esto significa que si los datos llegan desordenados al host de destino, UDP no dispone de métodos para reorganizarlos en su secuencia original. Los datos se entregan a la aplicación receptora en el orden en que llegan.
- **Sin Control de Flujo Automático:** UDP carece de mecanismos para controlar la cantidad de datos que el dispositivo emisor transmite. El origen simplemente envía los datos sin tener en cuenta la capacidad del receptor. En caso de que los recursos en el host de destino se vean saturados, es probable que algunos datos se descarten hasta que haya disponibilidad. En UDP, no se implementa la retransmisión automática de datos como lo hace TCP.

En resumen, UDP se caracteriza por su simplicidad y su enfoque en la velocidad de transmisión. Aunque es adecuado para aplicaciones que requieren una comunicación rápida y no crítica en términos de pérdida de datos, como aplicaciones multimedia en tiempo real, no proporciona los servicios de confiabilidad, secuenciación o control de flujo que ofrece TCP. La elección entre TCP y UDP depende de las necesidades específicas de la aplicación y de la priorización de la velocidad frente a la confiabilidad en la transmisión de datos.

9.0 Introducción a IPv6

Introducción

A principios de la década de 1990, el Internet Engineering Task Force (IETF) comenzó a abordar las **limitaciones inherentes de IPv4** y emprendió la búsqueda de una solución más robusta. Esta iniciativa dio lugar al desarrollo de IPv6, una versión mejorada de IP diseñada para abordar las restricciones de IPv4 y adaptarse a las crecientes demandas presentes y futuras de las redes.

IPv6 surgió como respuesta a la necesidad de superar los desafíos de diseño que planteaba IPv4, especialmente en lo que respecta al agotamiento inminente de las direcciones IPv4 debido al crecimiento exponencial de dispositivos conectados a Internet.

En la actualidad, todos los sistemas operativos modernos están habilitados para la conectividad a través de IPv6, lo que representa un paso significativo hacia la adopción generalizada de esta nueva versión del protocolo.

Una de las transformaciones más destacadas que trae consigo IPv6 es el **aumento sustancial en la longitud de las direcciones IP**. Mientras que IPv4 utiliza direcciones de 32 bits, **IPv6 se basa en un direccionamiento jerárquico de 128 bits**. Esta ampliación resulta en un asombroso incremento en la cantidad de direcciones disponibles, pasando de 4.000 millones en IPv4 a **340 sextillones en IPv6**. Además, las cabeceras de los paquetes IPv6 se simplificaron al reducir el número de campos, lo que mejora la eficiencia en el enrutamiento de paquetes y permite una mayor flexibilidad y escalabilidad mediante extensiones y opciones.

Un aspecto importante de IPv6 es la **eliminación de la necesidad de la traducción de direcciones de red (NAT)**. Con la abundancia de direcciones IPv6 públicas disponibles, tanto las empresas más grandes como los hogares pueden obtener direcciones IPv6 públicas para sus dispositivos. Esto resuelve algunos de los problemas asociados con NAT, particularmente en aplicaciones que requieren conectividad de extremo a extremo.

IPv6 también incorpora nativamente **capacidades de autenticación y privacidad** que antes requerían implementaciones adicionales, como IPsec, en IPv4. Esto significa que IPv6 ofrece un nivel de seguridad y privacidad más elevado de forma inherente.

Ventajas de IPv6

IPv6, diseñado inicialmente para abordar el agotamiento de direcciones IPv4, presenta una serie de ventajas significativas en comparación con su predecesor IPv4. Estas ventajas no solo incluyen la capacidad mejorada de direccionamiento, sino también una mayor eficiencia, seguridad y flexibilidad en las comunicaciones en línea.

Aquí se detallan las principales ventajas de IPv6:

- **Amplio Espacio de Direcciones:** La característica más destacada de IPv6 es su vasto espacio de direcciones de 128 bits, lo que permite albergar un asombroso número de direcciones IP, aproximadamente 340 sextillones. En contraste, IPv4 solo proporciona alrededor de 4.000 millones de direcciones. Esta abundancia de direcciones resuelve el agotamiento inminente de IPv4 y garantiza que haya suficientes direcciones para todos los dispositivos en una red globalmente conectada.
- **Eficiencia en la Transferencia de Datos:** IPv6 presenta una cabecera más simplificada en comparación con IPv4, con menos opciones y condiciones. Esto conduce a una mayor eficiencia en la transferencia de datos, lo que se traduce en una mayor velocidad para los usuarios finales. Además, la eliminación de cálculos de checksum contribuye a acelerar las conexiones.
- **Confidencialidad Integrada:** IPv6 introduce la confidencialidad de manera integrada, lo que significa que todo el tráfico de la red se cifra de forma nativa. Ya no es necesario recurrir a complementos como IPsec para

garantizar la privacidad de las comunicaciones. Esta incorporación de seguridad en el protocolo impulsará la adopción del cifrado en conexiones en línea y resulta especialmente relevante en el contexto del Internet de las cosas (IoT).

- **Múltiples Direcciones por Dispositivo:** La abundancia de direcciones IPv6 permite que cada dispositivo tenga múltiples direcciones, lo que facilita la existencia de redes paralelas en un mismo dispositivo. Esto puede ser especialmente útil en escenarios de redes complejas o entornos empresariales.

- **Conexiones Directas y Eliminación de NAT:** Cada equipo puede disponer de al menos una dirección IP pública en IPv6, lo que simplifica las conexiones directas y elimina la necesidad de utilizar Traducción de Direcciones de Red (NAT). Esto resuelve problemas inherentes a NAT y mejora la conectividad, lo que es especialmente beneficioso para aplicaciones que requieren comunicación punto a punto.

Direcciones IPv6

Las direcciones IPv6, en contraste con las IPv4, se componen de 128 bits, lo que equivale a una **cadena de 16 octetos**. Sin embargo, para simplificar su representación, se han dividido en **8 grupos de 4 dígitos hexadecimales, donde cada grupo representa 16 bits, es decir, 2 octetos.**

La separación entre estos grupos se realiza mediante el uso del **símbolo de dos puntos (:).** Aunque las letras hexadecimales suelen representarse en minúsculas, es importante señalar que esta convención es más por simplicidad que por una necesidad técnica real.

A continuación, presentamos un ejemplo de una dirección IPv6 completa:

IPv6 = 8 grupos de 4 hexadecimales separados por dos puntos (:)

2001:0db8:85a3:0000:0000:921a:0430:1234

Para simplificar esta representación, se pueden eliminar los ceros iniciales de cada grupo hexadecimal, con la excepción de que cada grupo debe tener al menos un dígito. Por lo tanto, en el caso de que un grupo sea igual a "0000", se puede reducir a "0". La misma dirección IPv6, con esta simplificación, se vería de la siguiente manera:

Eliminación de ceros iniciales: 2001:db8:85a3:0:0:921a:430:1234

Adicionalmente, uno o más grupos consecutivos de ceros pueden abreviarse utilizando un solo símbolo de dos puntos, pero esta sustitución solo se puede realizar una vez en cada dirección y debe aplicarse a la agrupación más grande de ceros posible. Siguiendo esta regla, la dirección IPv6 quedaría así:

Sustitución de grupos de ceros por (::)
2001:db8:85a3::921a:430:1234

Al igual que en IPv4, en IPv6 existen diferentes tipos de direcciones IP, aunque en este caso, solo hay tres tipos principales:

- **Unicast:** Estas direcciones IP identifican un solo interfaz de red. El protocolo IPv6 dirige el tráfico específicamente a esa interfaz.
- **Anycast:** Las direcciones Anycast están asignadas a un grupo de interfaces de red. La diferencia clave con las direcciones Unicast radica en que el protocolo entrega el paquete de datos a cualquier miembro de ese grupo, pero solo a uno de ellos.
- **Multicast:** Las direcciones Multicast también se utilizan para múltiples interfaces de red, pero en este caso, el tráfico se entrega a todas y cada una de estas interfaces. Las direcciones IPv6 multicast siempre comienzan con los primeros 8 bits establecidos en 1, lo que se representa en notación hexadecimal como "ff".

10.0 Comunicaciones Inalámbricas

Introducción al Electromagnetismo

Para comprender el funcionamiento de las redes inalámbricas, es fundamental tener conocimientos en un **campo de la física llamado electromagnetismo**.

El electromagnetismo, en términos simples, es la rama de la física que se enfoca en el **estudio de los fenómenos eléctricos y magnéticos que ocurren en la naturaleza.**

En el contexto de las redes inalámbricas, es crucial comprender el **concepto de frecuencia**. Podemos conceptualizar las **ondas electromagnéticas** como las **vibraciones o excitaciones generadas por partículas cargadas que oscilan a diferentes velocidades**. Estas oscilaciones son las que generan lo que conocemos como ondas electromagnéticas.

Una de las características fundamentales de estas ondas es la **frecuencia**, que se define como la **cantidad de ciclos completos que una onda realiza en un segundo**. Podemos ejemplificar esto de la siguiente manera: si observamos una onda que completa dos ciclos en un segundo, su frecuencia se denomina 2 hercios. Por otro lado, si otra onda completa tres ciclos en el mismo período de tiempo, su frecuencia será de 3 hercios, y así sucesivamente.

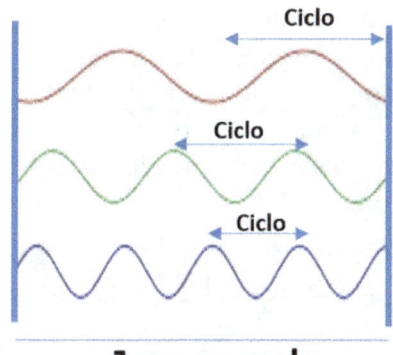

2 ciclos por segundo = 2 Hz

3 ciclos por segundo = 3 Hz

4 ciclos por segundo = 4 Hz

1 segundo

Es importante notar que **a medida que la frecuencia aumenta**, la **capacidad de propagación de las ondas electromagnéticas disminuye**. Esto significa que las **ondas de alta frecuencia tienen un alcance menor** en comparación con las de baja frecuencia. Este concepto es relevante para las comunicaciones que dependen de ondas electromagnéticas, como las redes Wi-Fi, Bluetooth y las comunicaciones por radio.

Para comprender mejor el espectro electromagnético, podemos imaginarlo como una escala de frecuencias que abarca desde las frecuencias más bajas, medidas en hercios, hasta las más altas. En esta escala, podemos identificar diferentes regiones:

- **Audio:** En la parte izquierda del espectro se encuentran las frecuencias audibles por los seres humanos, que van hasta aproximadamente 19 kilohercios. Más allá de esta gama, se encuentran los ultrasonidos, que están por encima del rango de detección auditiva humana.
- **Radio:** Comenzando alrededor del megahercio (un millón de ciclos por segundo), se ubica el espectro de radio, que se utilizó para desarrollar tecnologías de radio, como la radio AM (Amplitud Modulada).
- **Microondas:** En el rango de 1 a 100 gigahercios, se encuentran las microondas. Esta es la región donde se sitúan las redes de comunicación inalámbrica, como el Wi-Fi, que opera en las bandas de 2,4 y 5 gigahercios.

- **Luz Visible:** Justo después del espectro de radio, se encuentra el espectro de luz visible, que es lo que percibimos con nuestros ojos. Está rodeado por las regiones de infrarrojo (frecuencias por debajo del rojo) y ultravioleta (frecuencias por encima del violeta), que no son detectables por la vista humana debido a motivos históricos.
- **Rayos X y Gamma:** En las frecuencias más altas del espectro se encuentran los rayos X y gamma, que tienen una gran potencia pero un alcance muy limitado.

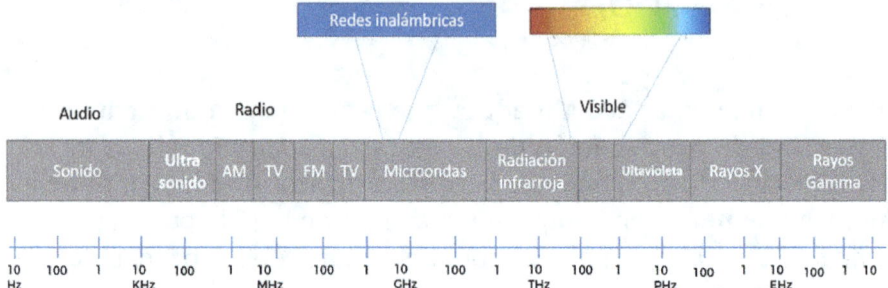

Canales WIFI

Los protocolos 802.11, diseñados para estandarizar las comunicaciones inalámbricas, han definido dos bloques de frecuencias principales: **2,4 gigahercios y 5 gigahercios** para su funcionamiento. Sin embargo, no es posible utilizar todo el espectro de frecuencias de manera simultánea. Veamos cómo se ha organizado esta distribución.

El espectro radioeléctrico está regulado por distintas administraciones en cada país o región, aunque internacionalmente se han definido algunas **frecuencias de libre uso**. Entre estas frecuencias disponibles para el uso público, se eligieron las que rodean los 2,4 y 5 gigahercios para ser utilizadas por las redes inalámbricas basadas en los protocolos IEEE 802.11.

Aunque puede haber algunas variaciones en la disponibilidad de ciertas frecuencias en diferentes países, en general, se ha estandarizado a nivel mundial el uso de estas frecuencias para las redes inalámbricas.

Los protocolos 802.11 se diseñaron teniendo en cuenta la posibilidad de que coexistan **varias redes inalámbricas en el mismo espacio físico**. Para lograr esto, se dividió el ancho de banda en **diferentes canales**, siguiendo un concepto similar al utilizado en las emisoras de radio o canales de televisión.

Por lo tanto, en los primeros protocolos de la familia 802.11, el ancho de banda completo asignado en la banda de los 2,4 gigahercios se subdividió en **8, 11 o 13 canales**, dependiendo de la regulación específica de cada país donde se implementara la red Wi-Fi.

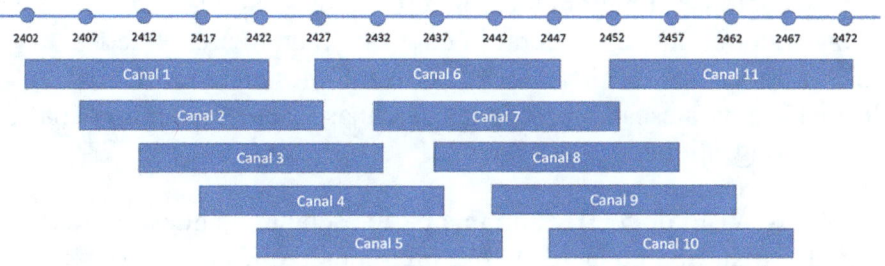

La idea principal detrás de esta división en canales es permitir que **múltiples redes inalámbricas coexistan en la misma área sin interferirse entre sí**. En otras palabras, en una misma habitación o espacio, es posible tener varias redes Wi-Fi operando de manera simultánea e independiente simplemente utilizando diferentes canales de frecuencia.

Sin embargo, es importante señalar que existe un **solapamiento entre los canales**, lo que significa que parte de la señal enviada en un canal puede interferir con la señal de otro canal cercano. Para optimizar la distribución de los canales y minimizar las interferencias, se ha recomendado el uso de canales específicos que no se solapen en ninguna parte del espectro de frecuencia, como los **canales 1, 6 y 11**.

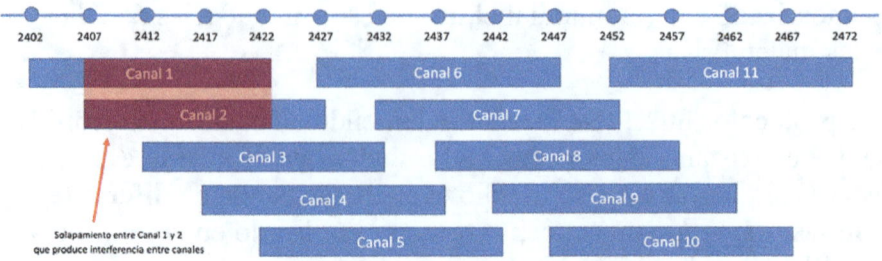

Esta estrategia de selección de canales ayuda a mejorar la calidad de las redes inalámbricas al reducir las posibles interferencias, lo que se traduce en una experiencia de usuario más fluida y confiable.

Cómo Elegir el Mejor Canal:

Para seleccionar el mejor canal para tu red Wi-Fi en la banda de 2.4 GHz, es importante considerar la congestión en tu área. Puedes utilizar aplicaciones y herramientas disponibles en tu enrutador o dispositivo para escanear las redes cercanas y seleccionar un canal menos congestionado.

Las redes Wi-Fi de 5 GHz son una parte esencial de nuestra vida digital actual. Si alguna vez te has preguntado qué significa realmente "5 GHz" en tu enrutador Wi-Fi y por qué es importante, estás en el lugar correcto. En este texto, exploraremos las redes Wi-Fi de 5 GHz de manera didáctica y comprensible, para que puedas entender cómo funcionan, por qué son una opción cada vez más popular y cuáles son los canales disponibles en esta banda.

¿Qué es la banda de 5 GHz?

Las redes Wi-Fi operan en diferentes bandas de frecuencia, y la banda de 5 GHz es una de ellas. En contraste con la banda de 2.4 GHz, que es más común y ha estado en uso durante más tiempo, la banda de 5 GHz ofrece ventajas significativas en términos de rendimiento y calidad de conexión.

Ventajas de las redes de 5 GHz:

- **Menos interferencia:** La banda de 5 GHz es menos congestionada que la de 2.4 GHz, lo que significa que experimentarás menos interferencias de otros dispositivos y redes Wi-Fi cercanas.
- **Mayor ancho de banda:** La banda de 5 GHz proporciona un ancho de banda más amplio, lo que permite velocidades de conexión más rápidas y una transmisión de datos más suave.
- **Menor latencia:** Las redes de 5 GHz generalmente tienen una menor latencia, lo que es crucial para aplicaciones en tiempo real como juegos en línea y videollamadas.
- **Soporte para estándares más nuevos:** Los dispositivos modernos suelen ser compatibles con la banda de 5 GHz y los últimos estándares Wi-Fi, como 802.11ac y 802.11ax (también conocido como Wi-Fi 6), que ofrecen un rendimiento superior.

Desafíos de las redes de 5 GHz:

- **Alcance limitado:** La banda de 5 GHz tiene un alcance más corto en comparación con la de 2.4 GHz, por lo que es posible que necesites más puntos de acceso en tu hogar para una cobertura óptima.
- **Penetración de obstáculos:** Las señales de 5 GHz no atraviesan paredes y objetos sólidos tan bien como las de 2.4 GHz, lo que puede requerir una planificación cuidadosa de la ubicación de los dispositivos y enrutadores.

Los canales disponibles en la banda de 5 GHz son:

Canal 36, 40, 44, 48, 52, 56, 60, 64, 100, 104, 108, 112, 116, 120, 124, 128, 132, 136, 140, 144, 149, 153, 157, 161.

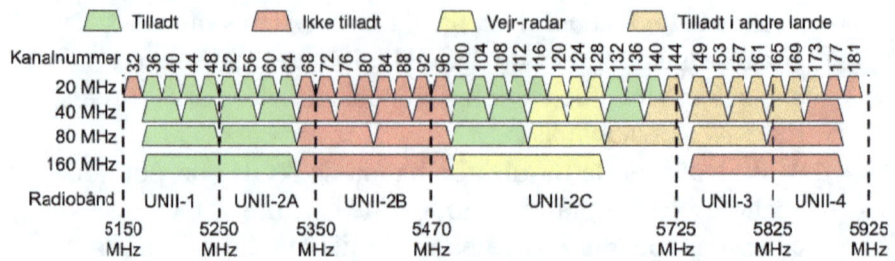

Estos canales se utilizan en diversos países y regiones del mundo, pero es importante destacar que no todos los dispositivos o enrutadores admiten todos estos canales. Al configurar tu red Wi-Fi de 5 GHz, es fundamental asegurarte de que tu dispositivo esté configurado para utilizar un canal que cumpla con las regulaciones locales y evite interferencias con otras redes cercanas.

Identificador WIFI

El **Service Set Identifier (SSID)** se creó con el propósito de **identificar todos los paquetes emitidos como parte de una red inalámbrica específica**. Esta funcionalidad se diseñó pensando en la posibilidad de que múltiples redes Wi-Fi operaran en el mismo espacio físico, permitiendo así la separación de sus flujos de datos y evitando colisiones de información.

Los SSID están compuestos por una serie de **32 caracteres que sirven para identificar una red**. Aunque no hay una especificación en los diferentes estándares sobre su composición, es común utilizar principalmente letras y números para crear un SSID fácilmente reconocible por el usuario final. Sin embargo, técnicamente no hay impedimento para incluir signos de puntuación o caracteres especiales en un SSID.

Cada red inalámbrica debe tener asignado un SSID para que la comunicación de datos entre los dispositivos pueda tener lugar, aunque no siempre es necesario que este SSID sea público. A menudo, los puntos de acceso o las bases emisoras difunden y publicitan los SSID que tienen operativos, permitiendo a los dispositivos cliente, como laptops, saber a qué red conectarse. No obstante, es posible configurar redes Wi-Fi donde el **SSID esté oculto**, lo que significa que solo los usuarios que conozcan su existencia podrán conectarse a ella.

Aunque en el pasado se consideraba que ocultar el SSID proporcionaba una medida adicional de seguridad, en realidad, cualquier dispositivo dentro del alcance de la red puede detectar los SSID ocultos simplemente escuchando el tráfico de la red, por lo que esta práctica **no se considera una medida de seguridad sólida en sí misma**, aunque puede ayudar a evitar la detección por parte de usuarios casuales.

La elección y definición del SSID es responsabilidad de los puntos de acceso o de los sistemas de gestión centralizada de redes inalámbricas. Los dispositivos cliente solo pueden optar por conectarse o no a un SSID específico, pero no pueden cambiarlo.

Al elegir un SSID, es recomendable asignar una combinación de caracteres que permita a los usuarios comprender la utilidad de esa red. Esto es especialmente útil cuando hay varias redes inalámbricas operando en la misma ubicación física. Algunos ejemplos incluyen:

Para una red doméstica, es adecuado utilizar un nombre único y no dar demasiada información personal.

En entornos empresariales, es preferible especificar la función de cada red, como "Empresa-Invitados" para una red de cortesía y "Empresa-Presidencia" para una red exclusiva.

Los nombres de SSID deben ser sencillos y comprensibles para evitar confusiones y futuras incidencias en la gestión de la red inalámbrica.

En resumen, la gestión de los SSID es un detalle importante en la administración de redes inalámbricas que debe realizarse con cuidado para garantizar una experiencia de usuario efectiva y evitar problemas futuros.

Seguridad en Redes WIFI

La seguridad en las redes Wi-Fi es de vital importancia debido a la naturaleza inalámbrica de la transmisión de datos, que puede ser interceptada por cualquier dispositivo cercano. Desde el diseño mismo de las redes Wi-Fi, se ha considerado la seguridad como una prioridad. A lo largo de los años, los estándares de Wi-Fi han evolucionado para abordar y mejorar la seguridad de estas redes. Aquí se describen los protocolos de cifrado más comunes utilizados en Wi-Fi:

- **WEP (Wired Equivalent Privacy):** Introducido con el estándar inicial 802.11 en 1999, WEP fue el primer intento de cifrar las comunicaciones inalámbricas. Sin embargo, se demostró que tenía importantes vulnerabilidades y no proporcionaba una protección adecuada.
- **WPA (Wi-Fi Protected Access):** Ante las debilidades del WEP, se introdujo el WPA en 2003. Este protocolo utilizaba algoritmos de cifrado e intercambio de claves más robustos y exigía claves más largas. Aunque mejoró significativamente la seguridad, aún tenía algunas vulnerabilidades.
- **WPA2:** En 2004, con la ratificación del protocolo 802.11i, se introdujo el WPA2, que mejoró la seguridad al abordar las vulnerabilidades del WPA. WPA2 ha sido ampliamente adoptado y sigue siendo un estándar de seguridad sólido incluso después de 14 años.
- **WPA3:** Publicado en enero de 2018, WPA3 es la última evolución en seguridad Wi-Fi. Introduce mejoras significativas, incluyendo la eliminación de opciones de clave compartida y la implementación de protocolos de cifrado más robustos. Aunque relativamente nuevo, se espera que WPA3 desempeñe un papel importante en la seguridad de las redes Wi-Fi en el futuro.

Además del cifrado, existen otras consideraciones de seguridad importantes:

- **Limitar la potencia de emisión:** Aunque aumentar la potencia de transmisión puede mejorar el rendimiento de la red, es importante evitar configuraciones excesivas que simplemente desperdicien energía.
- **Autenticación por usuario:** En entornos corporativos, es recomendable utilizar sistemas de autorización de usuarios en lugar de depender únicamente de contraseñas compartidas. Esto restringe el acceso solo a usuarios autorizados.
- **Filtrado de direcciones MAC:** Si bien el filtrado de direcciones MAC puede ser útil en entornos con poca variación y en redes más pequeñas, su gestión puede volverse complicada en redes más grandes. Además, no es adecuado para redes de invitados o públicas.

En resumen, la seguridad en las redes Wi-Fi ha evolucionado significativamente con el tiempo para proteger contra amenazas cada vez más sofisticadas. La elección del protocolo de seguridad más adecuado y la implementación de prácticas de seguridad sólidas son esenciales para garantizar la confidencialidad y la integridad de los datos transmitidos a través de redes inalámbricas.

11.0 Servicios IP (DNS, DHCP, SNMP, FTP, TFTP, y NTP)

Servicios DNS

Resolución de nombres de dominio

La resolución de nombres de dominio (DNS) es uno de los componentes fundamentales de Internet que permite a los usuarios acceder a sitios web y servicios utilizando nombres de dominio en lugar de direcciones IP numéricas. El proceso de resolución de nombres de dominio es esencial para **traducir nombres de dominio legibles por humanos en direcciones IP** comprensibles por las computadoras y los dispositivos de red.

La resolución de nombres de dominio implica los siguientes pasos:

- **Solicitud del usuario:** Cuando un usuario ingresa un nombre de dominio en su navegador web o en una aplicación, se inicia el proceso de resolución de nombres de dominio.
- **Consulta DNS:** La computadora o el dispositivo envía una consulta DNS a un servidor DNS para resolver el nombre de dominio en una dirección IP. Por lo general, el servidor DNS utilizado es proporcionado por el proveedor de servicios de Internet (ISP) o configurado en el dispositivo.
- **Caché local:** El servidor DNS local en la red del usuario o el propio dispositivo verifica si ya ha resuelto previamente ese nombre de dominio y si la información está en su caché local. Si se encuentra en la caché, se devuelve la dirección IP almacenada, lo que acelera la resolución.
- **Búsqueda en la jerarquía DNS:** Si la información no está en la caché local, el servidor DNS local inicia una búsqueda en la jerarquía DNS. La jerarquía DNS es una estructura de árbol invertido que comienza con el "root" o raíz y se divide en dominios de nivel superior (TLD), dominios de segundo nivel (SLD) y subdominios.

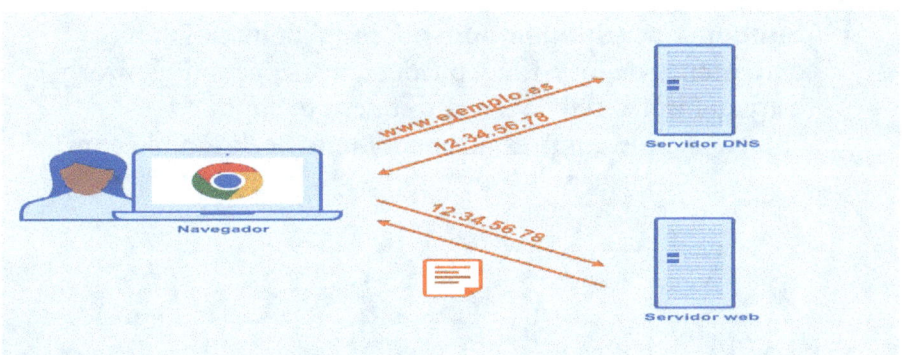

Jerarquía de nombres de dominio

La jerarquía de nombres de dominio es una estructura organizada que se utiliza en el sistema DNS para **gestionar y organizar los nombres de dominio en Internet**. Está diseñada de manera jerárquica y se asemeja a una estructura de árbol invertido. A continuación, se explican los principales componentes de la jerarquía de nombres de dominio:

- **Root Domain (Dominio raíz):** En la parte superior de la jerarquía se encuentra el dominio raíz, representado por un punto (.), que no tiene ningún nombre específico y actúa como la base de la jerarquía. Contiene registros de servidores de nombres de los TLD (Dominios de nivel superior) y no puede registrarse ningún nombre de dominio bajo el dominio raíz.
- **Top-Level Domains (TLD):** Justo debajo del dominio raíz se encuentran los TLD, que son los dominios de nivel superior. Estos incluyen dominios genéricos como .com, .org, .net, y dominios de código de país (ccTLD) como .us (Estados Unidos), .uk (Reino Unido), .ca (Canadá), entre otros.
- **Second-Level Domains (SLD):** Bajo los TLD, se ubican los dominios de segundo nivel, que son nombres de dominio específicos registrados por individuos, empresas u organizaciones. Ejemplos de SLD incluyen "example.com" o "google.com".

- **Subdomains (Subdominios):** Los subdominios son extensiones de los SLD y pueden crearse para organizar y estructurar una red de sitios web. Por ejemplo, "blog.example.com" es un subdominio de "example.com".

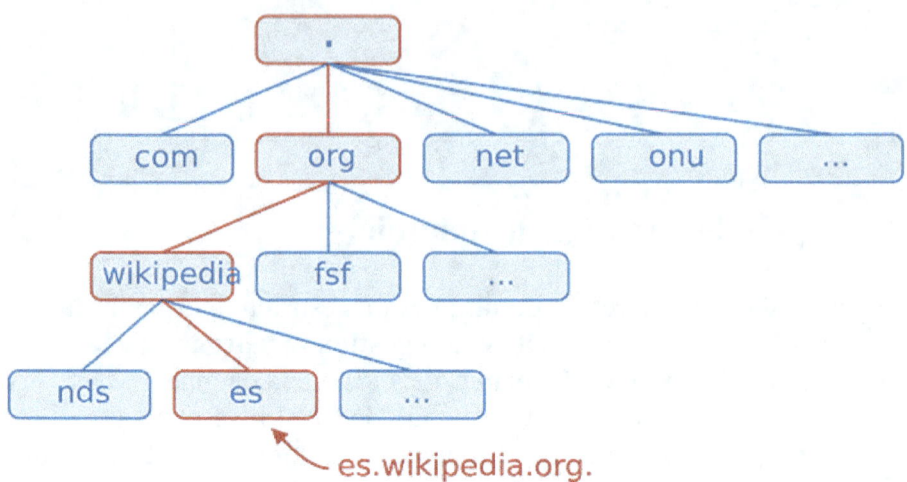

Servidores DNS y su funcionamiento

Los servidores DNS desempeñan un papel crítico en el sistema DNS. Son responsables de **almacenar información sobre nombres de dominio y sus correspondientes direcciones IP**. Hay varios tipos de servidores DNS, y su funcionamiento se puede dividir en dos categorías principales:

- **Servidores DNS autorizados (Authoritative DNS Servers):** Estos servidores son responsables de mantener la información de nombres de dominio para un dominio específico, incluyendo las direcciones IP asociadas a ese dominio. Cuando un servidor DNS autorizado recibe una consulta para un nombre de dominio bajo su autoridad, responde con la dirección IP correspondiente.

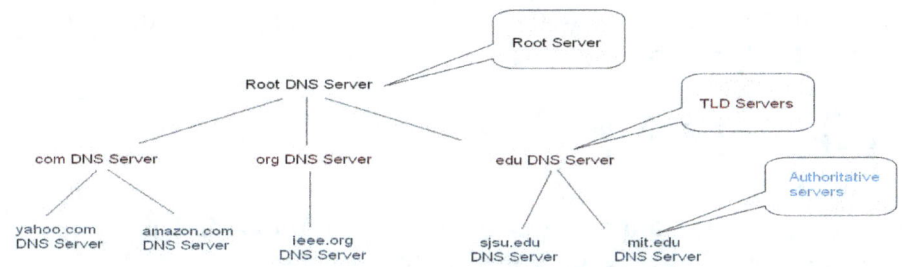

- **Servidores DNS recursivos (Recursive DNS Servers):** Los servidores DNS recursivos realizan búsquedas en la jerarquía DNS en nombre del usuario. Cuando un usuario envía una consulta DNS, el servidor DNS recursivo busca la información de nombres de dominio siguiendo una serie de consultas a otros servidores DNS. Una vez que encuentra la información, la almacena en su caché local para futuras consultas.

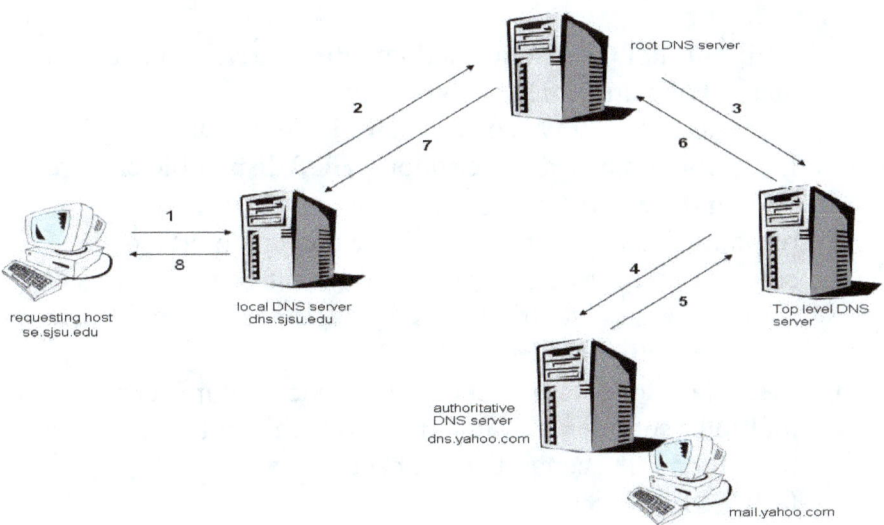

En resumen, el sistema DNS es esencial para la navegación en Internet y la comunicación en línea. Facilita la resolución de nombres de dominio en direcciones IP, lo que permite a los usuarios acceder a sitios web y servicios de manera más conveniente. La jerarquía de nombres de dominio y la colaboración de servidores

DNS autorizados y recursivos hacen posible este proceso de resolución de nombres.

Sevicios DHCP

El DHCP (Protocolo de Configuración Dinámica de Host, por sus siglas en inglés) es un protocolo fundamental en redes de computadoras que permite la **asignación automática y dinámica de direcciones IP y otros parámetros de configuración de red** a dispositivos, como computadoras, impresoras y dispositivos móviles. Esta función es esencial para simplificar la administración de direcciones IP en redes y garantizar una conectividad eficiente y sin conflictos. A continuación, exploraremos cómo funciona la configuración dinámica de direcciones IP mediante DHCP:

Proceso de Asignación de Direcciones IP con DHCP

- **Solicitud del Cliente:** Cuando un dispositivo se conecta a una red que utiliza DHCP, envía una solicitud de configuración a través de un mensaje DHCPDISCOVER. Esta solicitud busca un servidor DHCP disponible en la red.
- **Oferta del Servidor:** Los servidores DHCP en la red responden a la solicitud del cliente con una oferta, que contiene una dirección IP disponible y otros parámetros de configuración. Esta oferta se envía al cliente a través de un mensaje DHCPOFFER.
- **Selección del Cliente:** El cliente puede recibir ofertas de múltiples servidores DHCP, pero generalmente selecciona una oferta y la acepta. Esto se hace a través del mensaje DHCPREQUEST.
- **Aprobación del Servidor:** El servidor DHCP que recibe el mensaje DHCPREQUEST del cliente aprueba la oferta y envía un mensaje DHCPACK al cliente. Este mensaje confirma la asignación de la dirección IP y otros parámetros de configuración.

- **Uso de la Dirección IP:** Con la dirección IP asignada y otros parámetros configurados, el cliente puede utilizar la red de manera efectiva para la comunicación y el acceso a servicios.

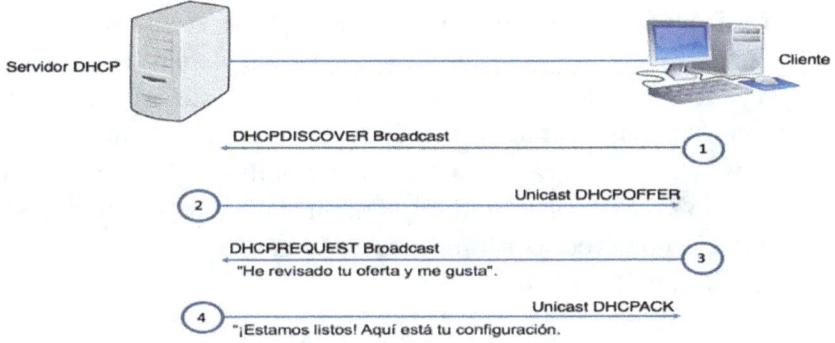

Roles y Funcionamiento del Servidor DHCP

El servidor DHCP desempeña un papel crítico en la configuración dinámica de direcciones IP en una red. Aquí están los roles y el funcionamiento clave de un servidor DHCP:

- **Asignación de Direcciones IP:** El servidor DHCP administra un grupo de direcciones IP disponibles y asigna automáticamente direcciones a dispositivos que las solicitan. Esto evita conflictos de direcciones IP en la red.
- **Configuración de Parámetros de Red:** Además de las direcciones IP, el servidor DHCP puede proporcionar otros parámetros de configuración de red, como la máscara de subred, la puerta de enlace predeterminada y la dirección de servidor DNS. Esto asegura que los dispositivos tengan una configuración completa y funcional.
- **Gestión de Tiempo de Asignación:** El servidor DHCP puede configurarse para asignar direcciones IP con un tiempo limitado de arrendamiento. Esto significa que las direcciones IP se asignan temporalmente y deben renovarse periódicamente. Esto es útil para administrar eficazmente el uso de direcciones IP en una red.

- **Resolución de Conflictos:** El servidor DHCP es responsable de evitar conflictos de direcciones IP al verificar si una dirección solicitada por un dispositivo está disponible antes de asignarla.
- **Monitoreo y Registro:** Los servidores DHCP a menudo registran información sobre las asignaciones de direcciones IP y otros eventos relacionados con la red. Esto es útil para la solución de problemas y el seguimiento del uso de la red.
- **Redundancia:** Para garantizar la disponibilidad continua del servicio DHCP, es común implementar múltiples servidores DHCP en una red, configurados de manera que uno pueda asumir el control si otro falla.

En resumen, el DHCP es una tecnología fundamental para simplificar la administración de direcciones IP en redes. Permite la asignación automática y dinámica de direcciones IP, lo que ahorra tiempo y reduce los posibles conflictos de direcciones. Los servidores DHCP desempeñan un papel esencial en este proceso, asegurando que los dispositivos en la red tengan una configuración de red adecuada y eficiente.

Servicios SNMP

SNMP, o Simple Network Management Protocol, es un protocolo ampliamente utilizado en redes IP para **administrar y supervisar dispositivos de red**. Fue desarrollado para facilitar la gestión de dispositivos como routers, switches, impresoras, servidores y otros equipos de red. SNMP permite a los administradores de red monitorear el rendimiento, configurar dispositivos y recibir notificaciones sobre eventos importantes en la red. A continuación, exploraremos los servicios SNMP y cómo funcionan:

Componentes Clave de SNMP

SNMP opera mediante una arquitectura cliente-servidor, donde los dispositivos administrados (agentes SNMP) son supervisados por sistemas de administración de red (estaciones de administración SNMP). Aquí están los componentes clave de SNMP:

- **Agentes SNMP:** Estos son programas o módulos de software que se ejecutan en dispositivos de red y proporcionan información sobre el estado y la configuración del dispositivo. Los agentes SNMP responden a solicitudes SNMP y envían notificaciones SNMP a las estaciones de administración.
- **Estaciones de Administración SNMP:** Estas son las computadoras o sistemas que administran y supervisan la red. Utilizan aplicaciones de administración de red que envían solicitudes SNMP a los agentes SNMP en los dispositivos administrados para recopilar información y realizar configuraciones.
- **Base de Información de Administración (MIB):** La MIB es una base de datos jerárquica que almacena información sobre los recursos y parámetros de los dispositivos administrados. Cada dispositivo SNMP tiene su propia MIB que describe qué información se puede obtener o configurar a través de SNMP.

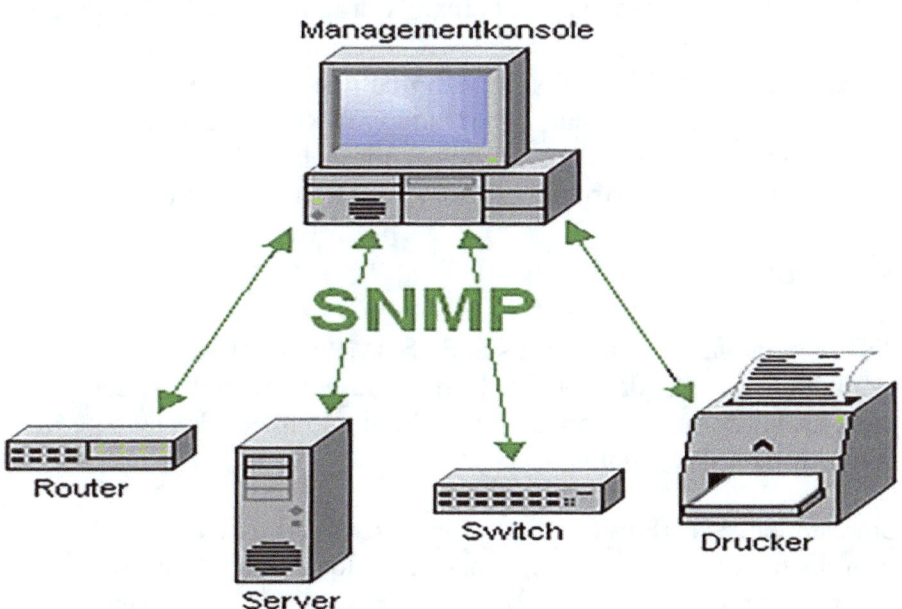

Servicios SNMP

SNMP ofrece varios servicios para la administración de red:

- **Obtención de Información (Get):** La estación de administración envía solicitudes "GET" para recuperar información de la MIB de un dispositivo administrado. Esta información puede incluir estadísticas de uso de ancho de banda, estado de puertos y más.
- **Configuración (Set):** La estación de administración puede enviar solicitudes "SET" para configurar parámetros en un dispositivo administrado. Por ejemplo, se puede cambiar la configuración de una interfaz de red o activar/desactivar una función específica.
- **Notificaciones (Traps/Informes):** Los dispositivos administrados pueden enviar notificaciones SNMP a la estación de administración cuando ocurren eventos importantes, como errores de hardware o cambios en la red. Estas notificaciones se llaman "trampas" (traps) o "informes" (informs).
- **Tablas (Tables):** SNMP también puede recuperar información tabular, como la tabla ARP en un router o la tabla de enrutamiento. Esto permite a los administradores ver información estructurada sobre el estado de la red.

Versiones de SNMP

SNMP tiene varias versiones, siendo SNMPv3 la más segura y ampliamente utilizada. SNMPv3 ofrece autenticación y cifrado para proteger las comunicaciones SNMP, lo que lo hace adecuado para entornos de redes seguras.

En resumen, SNMP es una herramienta esencial para la administración de redes IP, que permite a los administradores supervisar, configurar y gestionar dispositivos de red de manera eficiente. Con sus servicios y versiones, SNMP se ha convertido en un estándar en la industria para la administración de red.

Servicios FTP (File Transfer Protocol)

El Protocolo de Transferencia de Archivos (FTP, por sus siglas en inglés) es un protocolo estándar utilizado para **transferir archivos entre dispositivos en una red**, como computadoras, servidores y dispositivos de almacenamiento. FTP permite el intercambio eficiente de archivos, lo que lo hace esencial para la administración de datos y la distribución de contenido en redes IP. A continuación, exploraremos los servicios FTP y cómo funcionan:

Componentes Clave de FTP

FTP opera en un modelo cliente-servidor, donde un cliente FTP solicita y descarga archivos de un servidor FTP. Aquí están los componentes clave de FTP:

- **Cliente FTP:** Es una aplicación o programa que se ejecuta en una computadora y se utiliza para conectarse a un servidor FTP, enviar comandos y transferir archivos. Los clientes FTP pueden ser de línea de comandos o con interfaz gráfica de usuario (GUI).
- **Servidor FTP:** Es un programa o servicio que se ejecuta en un servidor y permite a los clientes FTP conectarse a él. El servidor FTP gestiona el acceso a los archivos y las operaciones de transferencia.
- **Modos de Transferencia:** FTP admite dos modos de transferencia principales: el modo de transferencia de archivo (FTP) y el modo de transferencia de bloques (FTP-B). Estos modos determinan cómo se transfieren los datos entre el cliente y el servidor.

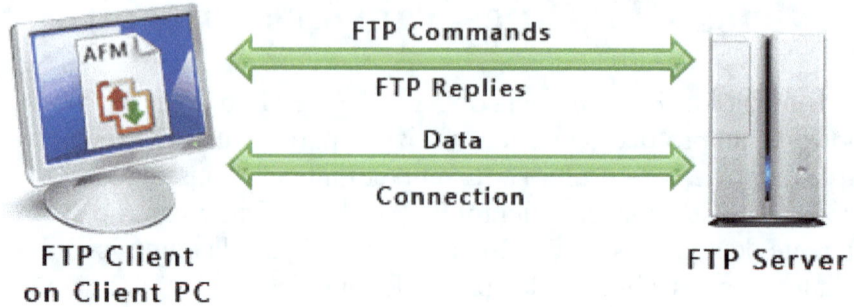

Servicios FTP

FTP ofrece una variedad de servicios para la transferencia de archivos:

- **Conexión y Autenticación:** Para comenzar una sesión FTP, el cliente se conecta al servidor utilizando el protocolo FTP y proporciona credenciales de inicio de sesión (nombre de usuario y contraseña). Algunos servidores FTP permiten la autenticación anónima, que permite a los usuarios acceder con un nombre de usuario "anónimo" y una dirección de correo electrónico como contraseña.
- **Listado de Directorios:** Los clientes FTP pueden solicitar una lista de archivos y directorios disponibles en el servidor. Esto permite a los usuarios ver la estructura de carpetas y los archivos antes de realizar transferencias.
- **Subida y Descarga de Archivos:** Los clientes FTP pueden cargar archivos en el servidor (cargar) o descargar archivos desde el servidor (descargar). Estas operaciones son esenciales para compartir y respaldar archivos en una red.
- **Creación y Eliminación de Directorios:** Los usuarios pueden crear nuevos directorios en el servidor y eliminar directorios existentes según sus necesidades.
- **Renombrar y Mover Archivos:** FTP permite a los usuarios cambiar el nombre de archivos y moverlos entre directorios en el servidor.

- Control de Acceso: Los servidores FTP pueden configurarse para limitar el acceso a ciertos usuarios o directorios mediante restricciones de acceso basadas en permisos.
- **Registro de Actividad:** Los servidores FTP suelen llevar registros de actividad que registran las acciones realizadas por los usuarios, lo que es útil para fines de auditoría y seguimiento.

Modos de Transferencia de Datos

FTP ofrece dos modos de transferencia de datos:

- **Modo de Transferencia de Archivo (FTP):** En este modo, los datos se transfieren como un flujo continuo de bytes. Es adecuado para archivos de texto y binarios, pero puede tener problemas con la transferencia de archivos binarios no estructurados.
- **Modo de Transferencia de Bloques (FTP-B):** Este modo divide los datos en bloques más pequeños y los transfiere en secuencia. Es más eficiente para la transferencia de archivos binarios y minimiza el riesgo de errores de transmisión.

En resumen, FTP es un protocolo ampliamente utilizado para la transferencia de archivos en redes IP. Ofrece una variedad de servicios para la administración de archivos, desde la navegación de directorios hasta la carga y descarga de archivos. Comprender los conceptos y servicios de FTP es esencial para gestionar eficazmente el intercambio de archivos en una red.

Servicios TFTP (Trivial File Transfer Protocol)

TFTP, o Trivial File Transfer Protocol, es un protocolo de transferencia de archivos ligero y simple que se utiliza para transferir archivos entre dispositivos en una red IP. A diferencia del FTP (Protocolo de Transferencia de Archivos), TFTP está diseñado para ser más rápido y fácil de implementar, pero carece de muchas de las características avanzadas del FTP. A continuación, exploraremos los servicios TFTP y cómo funcionan:

Componentes Clave de TFTP

TFTP opera en un modelo cliente-servidor, donde un **cliente TFTP solicita y descarga archivos de un servidor TFTP**. Aquí están los componentes clave de TFTP:

- **Cliente TFTP:** Es una aplicación o programa que se ejecuta en una computadora o dispositivo y se utiliza para solicitar archivos desde un servidor TFTP y descargarlos en el dispositivo local.
- **Servidor TFTP:** Es un programa o servicio que se ejecuta en un servidor y que almacena los archivos que los clientes TFTP pueden solicitar y descargar. El servidor TFTP responde a las solicitudes de los clientes y envía los archivos solicitados.

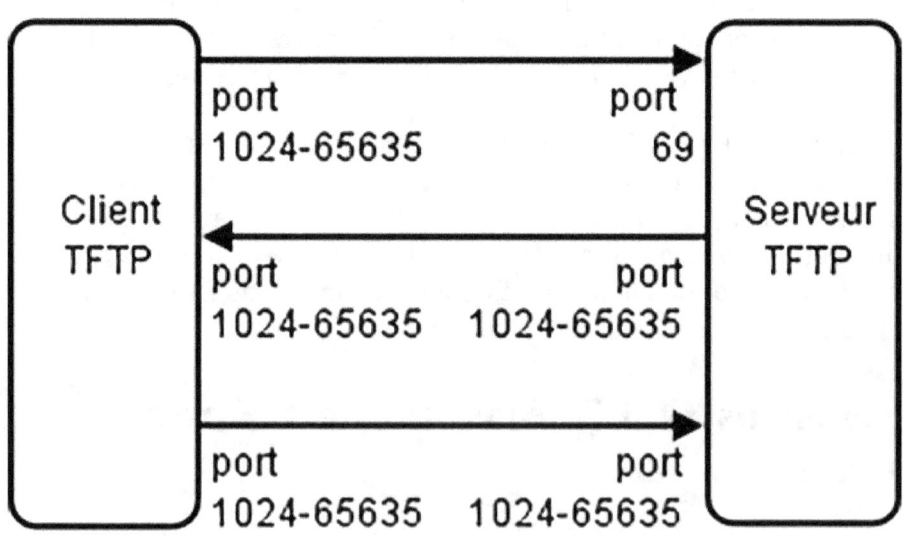

Servicios TFTP

TFTP ofrece servicios esenciales para la transferencia de archivos en una red IP:

- **Descarga de Archivos:** El servicio principal de TFTP permite a los clientes TFTP descargar archivos desde un servidor TFTP. Los clientes especifican el nombre del archivo que desean descargar.
- **Subida de Archivos (Limitada):** A diferencia de FTP, TFTP no admite la carga de archivos en un servidor TFTP de forma predeterminada. Esta limitación hace que TFTP sea menos versátil en comparación con FTP.
- **Listado de Directorios (Limitado):** TFTP no proporciona una funcionalidad estándar para listar directorios en un servidor. Los clientes deben conocer el nombre del archivo que desean descargar de antemano.
- **Transferencia Binaria:** TFTP es capaz de transferir archivos binarios y de texto. No realiza ninguna conversión de formato durante la transferencia, lo que lo hace adecuado para una amplia variedad de tipos de archivos.
- **Sin Autenticación (en la mayoría de las implementaciones):** TFTP generalmente carece de autenticación de usuarios, lo que significa que no es seguro para su uso en entornos no confiables o en Internet público. Esto lo hace más adecuado para redes internas de confianza.
- **Tamaño Limitado de Paquetes:** TFTP divide los archivos en paquetes de datos de tamaño fijo, lo que limita la capacidad de transferencia de archivos grandes. Este límite puede provocar problemas de rendimiento en archivos muy grandes.

Uso de TFTP

TFTP se utiliza comúnmente en situaciones donde la simplicidad y la velocidad son más importantes que la seguridad o las características avanzadas. Algunos casos de uso comunes de TFTP incluyen:

- **Transferencia de firmware y configuraciones:** TFTP se utiliza a menudo para cargar firmware en dispositivos de red, como routers y switches, o para transferir archivos de configuración.

- **Inicio de sistemas operativos (boot):** TFTP puede utilizarse en procesos de inicio remoto de sistemas operativos, como el arranque de estaciones de trabajo sin disco duro desde un servidor TFTP en una red.
- **Actualización de software en dispositivos integrados:** Se utiliza en sistemas integrados para la actualización de software y firmware de dispositivos como cámaras IP, impresoras de red y sistemas de control industrial.

En resumen, TFTP es un protocolo de transferencia de archivos simple pero eficaz que se utiliza en una variedad de escenarios de redes IP para transferir archivos rápidamente. Su falta de características avanzadas lo hace adecuado para situaciones donde la simplicidad y la velocidad son prioritarias. Sin embargo, debido a su falta de autenticación, no es adecuado para entornos no confiables o en Internet público.

Servicios NTP (Network Time Protocol)

El Protocolo de Tiempo en Red (NTP, por sus siglas en inglés) es un protocolo ampliamente utilizado en redes IP para **sincronizar los relojes de los dispositivos en una red**. La sincronización precisa del tiempo es esencial en muchas aplicaciones de redes, ya que permite a los dispositivos funcionar de manera coordinada y asegura que los registros de tiempo sean precisos para aplicaciones como el registro de eventos, la autenticación y la resolución de problemas. A continuación, exploraremos los servicios NTP y cómo funcionan:

Importancia de la Sincronización de Tiempo

La sincronización precisa del tiempo es esencial en redes IP por varias razones:

- **Registro de Eventos Precisos:** Los dispositivos en una red generan registros de eventos que deben tener marcas de tiempo precisas para fines de auditoría, resolución de problemas y cumplimiento de normativas.

- **Coordinación de Red:** La sincronización precisa del tiempo es fundamental en aplicaciones donde múltiples dispositivos deben realizar tareas coordinadas, como la transmisión de video en tiempo real y la telefonía IP.
- **Seguridad y Autenticación:** Muchos protocolos de seguridad y autenticación en redes IP dependen de marcas de tiempo precisas para funcionar correctamente. Un desfase en el tiempo puede comprometer la seguridad.
- **Resolución de Problemas:** La sincronización precisa del tiempo facilita la correlación de eventos en múltiples dispositivos y simplifica la resolución de problemas de red.

Componentes Clave de NTP

NTP opera en un modelo cliente-servidor, donde los dispositivos cliente sincronizan sus relojes con servidores NTP. Aquí están los componentes clave de NTP:

- **Servidor NTP:** Un servidor NTP es un dispositivo o software que actúa como fuente de tiempo. Estos servidores son altamente precisos y obtienen la hora de fuentes de tiempo confiables, como relojes atómicos y satélites GPS.
- **Cliente NTP:** Los dispositivos cliente, como servidores, routers y computadoras, utilizan el protocolo NTP para sincronizar sus relojes con un servidor NTP. Los clientes pueden ser servidores NTP secundarios para otros dispositivos en la red.
- **Estratos de Tiempo:** Los servidores NTP se organizan en capas o estratos, desde el estrato 0 (fuentes de tiempo más precisas) hasta el estrato 15 (menos precisas). Los clientes sincronizan sus relojes con servidores en estratos superiores.

Servicios NTP

NTP ofrece varios servicios para la sincronización de tiempo:

- **Obtención de Tiempo:** Los clientes NTP envían solicitudes al servidor NTP para obtener el tiempo actual. El servidor

NTP responde con la hora precisa, incluida la información de compensación para corregir cualquier desfase en el reloj del cliente.

- **Sincronización Continua:** Los clientes NTP no solo obtienen la hora del servidor NTP una vez, sino que mantienen una sincronización continua para compensar cualquier deriva en el reloj del cliente.
- **Sincronización en Red:** NTP permite a los dispositivos cliente sincronizar sus relojes con múltiples servidores NTP para redundancia y precisión.
- **Sincronización Estratificada:** Los servidores NTP secundarios pueden sincronizarse con servidores NTP primarios y, a su vez, actuar como fuentes de tiempo para otros dispositivos en la red.
- **Seguridad NTP:** NTP admite autenticación y cifrado para garantizar la seguridad de las comunicaciones de tiempo en redes seguras.

En resumen, NTP es un protocolo fundamental en redes IP que garantiza la sincronización precisa del tiempo entre dispositivos. Facilita la coordinación, la seguridad y la resolución de problemas en redes, lo que lo convierte en un componente esencial para una operación eficiente y confiable de las redes modernas.

Sígueme en mis redes Sociales

Espero que la lectura de este eBook haya sido un valioso impulso para tu crecimiento profesional y puedas seguri tu Certificación Cisco CCNA. La búsqueda constante de conocimiento y su aplicación son los pilares de un desarrollo sólido en un mundo donde la transformación digital y las tendencias tecnológicas son constantes.

Agradezco sinceramente que hayas llegado hasta el final de este libro digital y te animo a seguir explorando y aprendiendo en eclassvirtual.com, donde encontrarás recursos adicionales para tu desarrollo.

¡Te envío un fuerte abrazo y mis mejores deseos en tu camino hacia el éxito!

Manuel Sepúlveda

eClassVirtual.com

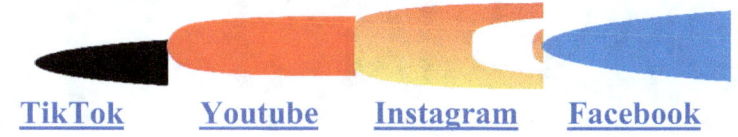

TikTok   **Youtube**   **Instagram**   **Facebook**